DET ULTIMATE HYTTEOST-KØKKEN

Oplev 100 lækre opskrifter til at løfte dine måltider

August Ali

Copyright materiale ©2023

Alle rettigheder forbeholdes

Ingen del af denne bog må bruges eller transmitteres i nogen form eller på nogen måde uden korrekt skriftligt samtykke fra udgiveren og copyright-indehaveren, bortset fra korte citater brugt i en anmeldelse. Denne bog bør ikke betragtes som en erstatning for medicinsk, juridisk eller anden professionel rådgivning.

INDHOLDSFORTEGNELSE

INDHOLDSFORTEGNELSE..3
INTRODUKTION..7
MORGENMAD OG BRUNCH..8
1. Kogle- og hytteostomelet _..9
2. Lag af æg og artiskok...12
3. Citronmarengspandekager...15
4. Cottage cheese croissanter..18
5. Cottage cheese pandekager..20
6. Key lime osteagtige pandekager...23
7. Osteagtig Spinat Crêpe s...25
8. Blandede bær Cottage Cheese Dessert pandekager........28
9. Gâteau De Crêpes a La Florentine...31
10. Hytteost frugtskål...34
11. Berry Blast Protein Frugtskål..36
12. Grønkål, peberfrugt og smuldret feta-omelet...............................38
13. Frittata med pølseost...40
14. Cottage Cheese Gærruller..42
15. Løg Dild Brød...44
16. Protein power vafler..46
17. Ukrainsk Morgenmad Hash..48
18. Morgenmad sandwich...51
19. B abbka..53
20. Frittatas med rød peber og hytteost...56
21. Skaldyrs-quiche uden skorpe...58
22. Amish morgenmadsgryde...60
SNACKS OG FORRETTER..63
23. Hytteost fyldte appelsiner..64
24. Spinat Empanadas..66
25. Asiatiske Cottage Cheese Crackers...69
26. Cocktailfest frikadeller...71
27. Hytteost & ananas nålehjul...73

28. Dessert zucchini fritter..75
29. Chile ostesoufflé firkanter..77
30. Spinat roll-ups...79
31. Jordbær Cottage Cheese Bars.....................................81
32. Fyldte auberginer..84
33. Fyldte svampe med ost..87
34. Hytteostekugler med chokoladeglasur.......................89
35. Hytteost sesamkugler..91
36. Cottage cheese cookies...93
37. Cottage cheese havregryn cookies.............................95
38. Sous vide æggebid...97
39. Selleristokke..100
40. Hytteost fyldte svampe..102
41. Hytteost og spinat dip..104
SANDWICH, WRAPS OG BURGERE....................106
42. Marokkansk lam og harissa burgere........................107
43. Chard bruschetta..110
44. Paneer Bhurji Sandwich...113
45. Oksekød & ost burritos..115
46. Grillet æble på surdejsmuffins..................................117
47. Chipotle Cheddar Quesadilla....................................119
HOVEDRET..121
48. Grillet æble og ost..122
49. Ost ravioli med rosmarin og citron...........................124
50. Ravioli lasagne..126
51. Carbquik Lasagne tærte...128
52. Lasagne i et krus..131
53. Focaccia al formaggio..133
54. Osteagtig kalkunkødsbrød..135
55. English Cottage Pie Lasagne....................................137
56. Bønnelasagne..140
57. Pepperoni Lasagne...143
58. Linguine med ostesauce..145
59. Rustik Cottage Pie..147
60. Margaritas pasta primavera.......................................150

61. Monterey Jack Soufflé..152
62. Kylling og hytteostsuppe..154
63. Cottage Cheese Manicotti..157
64. Mamas spinattærte...159
65. Beef 'n' Noodle gryderet..162
66. Bagt Spinat Supreme...164
SALATER OG SIDER..166
67. Hytteost grøntsagssalat..167
68. Asparges, tomater og hytteostsalat............................169
69. Hytteost og frugtsalat..172
70. Agurk og hytteost salat..174
71. Hytteost og tomatsalat...176
DESSERT..178
72. Valnøddeostkage _..179
73. Tranebær appelsin cheesecake..................................181
74. Ananas Nudel Kugel..184
75. Safran Pistacie Panna Cotta.......................................187
76. Hytteost tiramisu...189
77. Cottage Cheese Date Is...191
78. Cottage cheesecake...193
79. Burekas..195
80. Fransk ostetærte..198
81. Urteosttærter...201
82. Rodekage...204
83. Æble-osteis..206
84. Kokos Cottage Cheese cheesecake............................208
85. Nudel Kugel tærte med hytteost................................211
86. Pink festsalat...214
87. Dessert med stegt ananas..216
88. Fed limesalat...218
KRYDER..220
89. Hytteostsauce..221
90. Fedtfattig Scallion Dip..223
91. Cottage-urtedressing...225
92. Urtehytteost-pålæg..227

93. Cottage Cheese Salsa..229
94. Hytteost og honningdryp..231
95. Cottage Cheese Pesto..233
SMOOTHIES OG COCKTAILS..235
96. Krydret hindbærsmoothie...236
97. Cottage Cheese Power Shake..238
98. Osteagtig vaniljeshake..240
99. Bananproteinshake efter træning......................................242
100. Soja Smoothie...244
KONKLUSION..246

INTRODUKTION

Velkommen til "The Ultimate Cottage Cheese Kitchen", hvor den ydmyge hytteost forvandles til en kulinarisk stjerne. På siderne i denne kogebog vil du tage på en rejse gennem en verden af smag, kreativitet og ernæring. Hytteost er ikke bare et simpelt mejeriprodukt; det er en alsidig ingrediens, der kan puste nyt liv i dine måltider.

Vores køkken er et sted, hvor kreativiteten ikke kender grænser. Uanset om du er en erfaren kok eller en novice inden for kulinariske kunst, finder du en bred vifte af opskrifter, der vil tilfredsstille dine smagsløg og nære din krop. Hytteost er en kilde til protein, calcium og andre essentielle næringsstoffer, hvilket gør den til en værdifuld tilføjelse til din daglige kost.

Med 100 læskende opskrifter, der dækker en række køkkener og kulinariske stilarter, er denne kogebog designet til at inspirere din madlavningsrejse. Fra salte retter som fyldte svampe og lasagne til søde lækkerier som cheesecakes og parfaits, vil du opdage hytteostens sande potentiale.

Så lad os smøge ærmerne op, tage vores forklæder på og dykke ned i hytteostkøkkenets verden. Det er tid til at løfte dine måltider og skabe uforglemmelige madoplevelser lige i dit eget køkken.

MORGENMAD OG BRUNCH

1. Kogle- og hytteostomelet

INGREDIENSER:

- 3 store æg
- ¼ kop hytteost
- ¼ kop radiser i skiver
- ¼ kop hakkede artiskokhjerter (på dåse eller marineret)
- 2 spsk hakkede friske krydderurter (såsom persille, purløg eller basilikum)
- Salt og peber efter smag
- 1 spsk olivenolie

INSTRUKTIONER:

a) I en skål piskes æggene godt sammen. Smag til med salt og peber.
b) Opvarm olivenolien i en slip-let pande ved middel varme.
c) Tilsæt de skårne radiser og svits i ca. 2-3 minutter, indtil de er lidt bløde.
d) Tilsæt de hakkede artiskokhjerter i gryden og svits i yderligere 1-2 minutter, indtil de er gennemvarme.
e) Hæld de sammenpiskede æg i gryden, og sørg for, at de dækker grøntsagerne jævnt.
f) Lad æggene koge uforstyrret i et par minutter, indtil bunden begynder at stivne.
g) Løft forsigtigt kanterne af omeletten med en spatel og vip panden for at lade eventuelle ukogte æg flyde til kanterne.
h) Hæld hytteosten på den ene halvdel af omeletten.
i) Drys de hakkede krydderurter over hytteosten.
j) Fold den anden halvdel af omeletten over hytteostsiden.

k) Fortsæt med at koge i endnu et minut, eller indtil omeletten er kogt til den ønskede færdighed.
l) Skub omeletten på en tallerken og skær den i halve, hvis det ønskes.

2.Lag af æg og artiskok

INGREDIENSER:
- 1 spiseskefuld ekstra jomfru olivenolie
- 1 mellemstor gult løg, hakket
- 8 ounce frossen hakket spinat
- ½ kop soltørrede tomater, drænet og hakket groft
- 14-ounce dåse artiskokhjerter, drænet og delt i kvarte
- 2 ½ pakkede kopper baguette i terninger
- Salt og sort peber efter smag
- ⅔ kop fetaost, smuldret
- 8 æg
- 1 kop mælk
- 1 kop hytteost
- 2 spsk hakket frisk basilikum
- 3 spsk revet parmesanost

INSTRUKTIONER:
a) Forvarm ovnen til 350 F.
b) Varm olivenolie i en stor støbejernsgryde over medium varme. Tilføj og sauter løg i 3 minutter eller indtil de er møre.
c) Rør spinat i og kog indtil det er optøet og det meste af væsken er fordampet fordampet. Sluk for varmen.
d) Rør soltørrede tomater, artiskokhjerter og baguette i, indtil det er godt fordelt. Smag til med salt og sort peber, og drys fetaost ud På toppen; sæt til side.
e) I en mellemstor skål piskes æg, mælk, hytteost og basilikum. Hælde blanding over spinatblanding og brug en ske til forsigtigt at banke for æg blend for at fordele godt. Drys parmesanost på toppen.
f) Overfør stegepanden til ovnen og bag i 35 til 45 minutter eller indtil gylden brun på toppen og æg sæt.

g) Fjern stegepande; Skær lag i tern og server lune.

3. Citronmarengspandekager

INGREDIENSER:
MARENGS
- 4 store æggehvider
- 3 spsk sukker

PANDEKAGER
- 2 æg
- ½ kop hytteost
- ½ tsk vaniljeekstrakt
- 1 spsk honning
- ¼ kop speltmel
- ½ tsk bagepulver
- ¼ teskefuld bagepulver
- 2 tsk sukkerfri citron Jell-O blanding

INSTRUKTIONER:
TIL MARENGSEN

a) Tilsæt æggehviderne i en røreskål og pisk, indtil der dannes bløde toppe. Bløde toppe sker, når du trækker piskerisene fra blandingen, og toppen dannes, men falder hurtigt om.

b) Tilsæt sukkeret til æggehviderne og fortsæt med at piske, indtil der dannes stive toppe. Stive toppe opstår, når du trækker piskerisene fra blandingen, og toppen dannes og holder sin form.

c) Stil marengsen til side.

d) Pisk æg, hytteost, vanilje og honning sammen og stil til side.

e) I en anden skål piskes de tørre ingredienser sammen, indtil de er godt blandet.

f) Tilsæt de våde ingredienser til de tørre ingredienser og pisk, indtil det er grundigt blandet.

g) Spray en non-stick stegepande eller stegepande generøst med vegetabilsk olie og opvarm over medium varme.

h) Når panden er varm, tilsæt dejen ved hjælp af en ¼-kops målebæger og hæld dejen i stegepanden for at lave pandekagen. Brug målebægeret til at forme pandekagen.

i) Kog indtil siderne ser stivnede ud, og der dannes bobler i midten (ca. 2 til 3 minutter), og vend derefter pandekagen.

j) Når pandekagen er stegt på den side, tages pandekagen af varmen og lægges på en tallerken.

k) Fortsæt disse trin med resten af dejen.

l) Top pandekager med marengsen.

m) For at riste marengsen kan du enten bruge en lommelygte til at brune kanterne let, eller du kan putte de toppede pandekager under en varm slagtekylling i 2 til 3 minutter.

4. Cottage cheese croissanter

INGREDIENSER:
TIL DEJ:
- ⅔ kop mælk
- 1¼ kop (150 g) hytteost ¼ kop (60 g, 2 ounce) smør
- 1 æg
- ⅓ kop (60 g, 2,4 ounce) sukker
- 4 kopper (500 g, 18 ounce) universalmel
- 1 tsk vaniljesukker
- 1½ tsk aktiv tørgær
- ½ tsk salt

TIL GLASUR:
- 1 æggeblomme
- 2 spsk mælk
- 2 spsk mandler, hakkede

INSTRUKTIONER:
a) Ælt dejen i en bagemaskine. Lad det hvile og hæve i 45 minutter.

b) Rul den tilberedningsklare dej ud til en cirkel på 40 cm i diameter og del den i 12 trekantede sektorer. Rul hver trekant op, start med dens brede kant.

c) Læg rullerne på en bageplade dækket med olieret bagepapir og pensl dem med glasurblandingen. Dæk med et håndklæde og lad hvile i 30 minutter.

d) Forvarm ovnen til 400 grader F (200 grader C).

e) Bages i den forvarmede ovn, indtil de er gyldenbrune i 15 minutter.

5.Cottage cheese pandekager

INGREDIENSER:

- ¼ kop speltmel
- ½ tsk bagepulver
- ¼ teskefuld bagepulver
- ⅛ teskefuld kanel
- ⅛ teskefuld salt
- 2 store æg, pisket
- ½ kop 2% fedtfattig hytteost
- 1 spsk honning
- ½ tsk vaniljeekstrakt
- Jordbær, til servering (valgfrit)

INSTRUKTIONER:

a) Tilsæt alle de tørre ingredienser i en skål og pisk, indtil det er godt blandet.
b) I en separat skål piskes de våde ingredienser sammen.
c) Tilsæt våde ingredienser til de tørre ingredienser og pisk for at kombinere dem grundigt.
d) Lad dejen hvile i 5 til 10 minutter. Dette gør det muligt for alle ingredienserne at komme sammen og giver dig en bedre konsistens til dejen.
e) Spray en non-stick stegepande eller stegepande generøst med vegetabilsk olie og opvarm over medium varme.
f) Når panden er varm, tilsæt dejen ved hjælp af en ¼-kops målebæger og hæld dejen i stegepanden for at lave pandekagen. Brug målebægeret til at forme pandekagen.
g) Kog indtil siderne ser stivnede ud, og der dannes bobler i midten (ca. 2 til 3 minutter), og vend derefter pandekagen.

h) Når pandekagen er stegt på den side, tages pandekagen af varmen og lægges på en tallerken.
i) Fortsæt disse trin med resten af dejen. Server eventuelt med jordbær.

6. Key lime osteagtige pandekager

INGREDIENSER:
- 2 æg
- ½ kop hytteost
- ½ tsk vaniljeekstrakt
- 1 spsk honning
- Skal fra 1 lime
- ¼ kop speltmel
- ½ tsk bagepulver
- ¼ teskefuld bagepulver
- 2 tsk sukkerfri lime Jell-O blanding

INSTRUKTIONER:
a) Pisk æg, hytteost, vanilje, honning og limeskal sammen og stil til side.
b) I en anden skål piskes de resterende ingredienser sammen, indtil de er godt blandet.
c) Tilsæt de våde ingredienser til de tørre ingredienser og pisk, indtil det er grundigt blandet.
d) Spray en non-stick stegepande eller stegepande generøst med vegetabilsk olie og opvarm over medium varme.
e) Når panden er varm, tilsæt dejen ved hjælp af en ¼-kops målebæger og hæld dejen i stegepanden for at lave pandekagen. Brug målebægeret til at forme pandekagen.
f) Kog indtil siderne ser stivnede ud, og der dannes bobler i midten (ca. 2 til 3 minutter), og vend derefter pandekagen.
g) Når pandekagen er stegt på den side, tages pandekagen af varmen og lægges på en tallerken.
h) Fortsæt disse trin med resten af dejen.

7. Osteagtig Spinat Crêpe s

INGREDIENSER:
- 3 æg
- 1 kop mælk
- 1 spsk smeltet smør
- ¾ kop universalmel
- ¼ tsk salt
- 2 kopper Shredded Havarti, schweizisk ELLER
- Mozzarellaost, delt
- 2 kopper Cottage
- ¼ kop revet parmesanost
- 1 æg, let pisket
- 10-ounce pakke frossen hakket spinat
- 300g, optøet og presset tør
- ¼ tsk salt
- ⅛ teskefuld peber
- 1½ dl tomatsauce

INSTRUKTIONER
TIL CREPES:

a) Blend ingredienserne i en blender eller foodprocessor i 5 sekunder.

b) Skrab siderne ned og blend dejen i 20 sekunder længere. Dæk til og lad stå i mindst 30 minutter.

c) Opvarm en 8-tommer nonstick-gryde over medium varme. Pensl med smeltet smør. Rør dejen. Hæld cirka 3 spiseskefulde dej i gryden og vip hurtigt gryden for at dække bunden. Kog indtil bunden er let brunet, cirka 45 sekunder. Vend crêpe med en spatel og kog ca. 20 sekunder længere.

d) Overfør til en tallerken. Gentag med den resterende dej, pensl panden med lidt smeltet smør, før du tilbereder hver Crêpe.

TIL FYLDNING:

e) Reserver ½ kop Havarti ost. Bland de resterende ingredienser. Læg ½ kop ostefyld på hver crêpe og rul sammen.

f) Placer sømsiden nedad i en smurt 13x9-tommer bageform. Hæld tomatsauce på toppen. Drys med reserveret Havarti ost. Bages i en 375F ovn, i 20 til 25 minutter eller indtil gennemvarmet.

8. Blandede bær Cottage Cheese Dessert pandekager

INGREDIENSER:
PANDEKAGER:
- 16 ounce lille ostemasse hytteost
- 1 tsk vaniljeekstrakt
- 3 spsk honning
- 4 store æg
- 1 kop universalmel
- 1 tsk bagepulver
- 2 spiseskefulde vegetabilsk olie

BLANDET BÆRTOPPING:
- 2 kopper blandede bær (jordbær, blåbær, hindbær)
- 2 spsk honning
- ½ tsk citronskal

VALGFRI GARNISERING:
- Mynteblade (valgfrit)
- Creme fraiche
- ahornsirup
- Yderligere frisk frugt

INSTRUKTIONER:
PANDEKAGER:
a) I en mellemstor skål piskes 4 store æg sammen, indtil de er godt pisket. Tilsæt 16 ounce hytteost, 1 tsk vaniljeekstrakt og 3 spiseskefulde honning. Pisk indtil grundigt kombineret.

b) I en separat skål piskes 1 kop universalmel og 1 tsk bagepulver sammen. Sørg for, at der ikke er klumper i melblandingen.

c) Pisk gradvist de tørre ingredienser ind i de våde ingredienser, indtil der dannes en glat pandekagedej.

d) Opvarm en stor non-stick stegepande over medium varme og tilsæt 2 spiseskefulde vegetabilsk olie.
e) Når olien er varm, hælder du en bunke spiseskefuld pandekagedej i panden til hver pandekage.
f) Kog pandekagerne til de er gyldne og hævede, cirka 2-3 minutter på hver side. Brug en stænkskærm for at reducere rod.
g) Overfør de kogte pandekager til en tallerken og dæk med et rent køkkenrulle for at holde dem varme, mens du tilbereder den resterende portion.

BLANDET BÆRTOPPING:

h) I en separat skål kombineres 2 kopper blandede bær, 2 spiseskefulde honning og ½ tsk citronskal.
i) Vend forsigtigt for at dække bærrene.

BETJENER:

j) Server de lune pandekager toppet med den blandede bærtopping.
k) Du kan også tilføje en klat creme fraiche, et skvæt ahornsirup, mynteblade eller ekstra frisk frugt for ekstra smag.

9. Gâteau De Crêpes a La Florentine

INGREDIENSER:
FLØDESAUS MED OST, SPINAT OG SVAMPE
- 4 spsk smør
- 5 spsk mel
- $2\frac{3}{4}$ kopper varm mælk
- $\frac{1}{2}$ tsk salt
- Peber og muskatnød
- $\frac{1}{4}$ kop tung fløde
- 1 kop groft revet schweizerost
- $1\frac{1}{2}$ kopper kogt hakket spinat
- 1 kop flødeost eller hytteost
- 1 æg
- 1 kop friske champignon i tern, tidligere sauteret i smør med 2 spsk hakket skalotteløg eller spidskål

SAMLING OG BAGNING
- 24 kogte crêpes, 6 til 7 tommer i diameter
- En let smurt ovnfast fad
- 1 spsk smør

INSTRUKTIONER:
a) Til saucen smeltes smørret, melet røres i og koges langsomt i 2 minutter uden at farve; fjern fra varmen, pisk mælk, salt og peber og muskatnød i efter smag. Kog under omrøring i 1 minut, pisk derefter fløden og alle undtagen 2 spiseskefulde af den schweiziske ost i; lad det simre et øjeblik, og tilpas derefter krydderier.

b) Blend flere spiseskefulde sauce i spinaten og tilpas krydderierne omhyggeligt. Pisk flødeosten eller hytteosten med ægget, svampene og flere spiseskefulde sauce for at lave en tyk pasta; korrekte krydderier.

c) Forvarm ovnen til 375 grader.

d) Centrer en crêpe i bunden af en let smurt bradepande, fordel med spinat, dæk med en crêpe, fordel med et lag af ost-og-svampeblandingen, og fortsæt på denne måde med resten af crêpes og de 2 fyld, afslutter højen med en crêpe.

e) Hæld den resterende ostesauce over højen, drys med de resterende 2 spsk revet schweizerost, og dryp med en spiseskefuld smør.

f) Stil den på køl indtil 30 til 40 minutter før servering, og sæt den derefter i den øverste tredjedel af den forvarmede ovn, indtil den er boblende varm og ostetoppen er let brunet.

10. Hytteost frugtskål

INGREDIENSER:
- 1 kop hytteost
- 1/2 kop fersken i skiver
- 1/2 kop snittede jordbær
- 1/4 kop hakkede valnødder
- 1 spsk honning

INSTRUKTIONER:

a) Bland hytteost og honning i en skål.

b) Top med snittede ferskner, snittede jordbær og hakkede valnødder.

11. Berry Blast Protein Frugtskål

INGREDIENSER:
- 1 kop hytteost
- 1/2 kop blandede bær (såsom acai, jordbær, blåbær og hindbær)
- 1/4 kop granola
- 1 spsk chiafrø
- 1 spsk honning (valgfrit)

INSTRUKTIONER:
a) Kom hytteosten i en skål som bund.
b) Fordel de blandede bær ovenpå hytteosten.
c) Drys granola og chiafrø over bærrene.
d) Dryp honning over skålen for ekstra sødme, hvis det ønskes.
e) Server og nyd bær-godheden!

12.Grønkål, peberfrugt og smuldret feta-omelet

INGREDIENSER:

- 8 æg, godt pisket
- 1 kop rød peberfrugt, skåret i tern
- 1/4 kop grønne løg (fint hakket)
- 1/2 kop smuldret feta
- 3/4 kop grønkål, hakket
- 2 tsk olivenolie
- 1/2 tsk italiensk krydderi
- Salt og friskkværnet peber efter smag
- Flødeost eller hytteost (valgfrit)

INSTRUKTIONER:

a) I en stor stegepande varmes olie op på medium-høj. Tilsæt hakket grønkål og kog i cirka 3-4 minutter.

b) Vask og hak de røde peberfrugter. Skær de grønne løg i skiver og smuldr fetaen. Smør bunden af din Slow Cooker med olivenolie. Tilsæt den hakkede røde peber og snittede grønne løg til Slow Cookeren med grønkålen.

c) Pisk æggene i en lille skål og hæld de øvrige ingredienser over i Slow Cookeren. Rør godt rundt og tilsæt italienske krydderier. Juster salt og peber efter smag.

d) Kog ved LAV i 2-3 timer.

13. Frittata med pølseost

INGREDIENSER:

- 8 æg
- 1 lb pølse
- 1 kop hytteost
- 2 tsk bagepulver
- 1 kop mælk
- 3 tomater, hakkede
- 2 oz parmesanost, revet
- 6 oz cheddarost, revet
- Peber
- Salt

INSTRUKTIONER:

a) Brun pølsen i en gryde og stil den til side.

b) I en skål piskes æg med mælk, bagepulver, peber og salt.

c) Tilsæt pølse, hytteost, tomater, parmesanost og cheddarost og rør godt.

d) Hæld æggeblandingen i den smurte bradepande.

e) Vælg bagetilstand, og indstil derefter temperaturen til 350°F og tid til 45 minutter. Tryk start.

f) Når Ninja Foodi Digital Air Fryer Ovnen er forvarmet, skal du placere bageformen i ovnen.

g) Skær og server.

14. Cottage Cheese Gærruller

INGREDIENSER:
- 2 pakker (1/4 ounce hver) aktiv tørgær
- 1/2 kop varmt vand (110° til 115°)
- 2 kopper (16 ounce) 4% hytteost
- 2 æg
- 1/4 kop sukker
- 2 teskefulde salt
- 1/2 tsk bagepulver
- 4-1/2 kopper universalmel

INSTRUKTIONER:

a) I en stor skål opløses gæren i varmt vand. I en lille gryde varmes hytteost op til 110°-115°. Tilsæt æg, hytteost, salt, sukker, 2 kopper mel og natron til gærblandingen. Pisk indtil glat. Rør nok resterende mel i for at danne en fast dej (dejen ville være klistret).

b) Vend på en meldrysset overflade; ælt i omkring 6 til 8 minutter indtil elastisk og glat. Placer i en smurt skål, vend én gang for at smøre toppen.

c) Lad hæve tildækket et lunt sted i ca. 1 time, indtil den er fordoblet i størrelse.

d) Slå dejen ned. Vend på en let meldrysset overflade; skåret i 30 stykker. Form hvert stykke til en rulle. På smurte bageplader placeres 2 tommer fra hinanden. Dæk til og lad hæve i omkring 30 minutter, indtil det er fordoblet.

e) Bages ved 350° i næsten 10 til 12 minutter, eller indtil de har en gyldenbrun farve. Tag væk til trådstativ.

15. Løg Dild Brød

INGREDIENSER:
- 2 tsk aktiv tørgær
- 3-1/2 dl brødmel
- 1 tsk salt
- 1 æg
- 3/4 kopper fløde-stil hytteost
- 3/4 kopper creme fraiche
- 3 spsk sukker
- 3 spsk hakket tørret løg
- 2 spsk dildfrø
- 1-1/2 spsk smør

INSTRUKTIONER:
a) Kom de første fire ingredienser i brødformen i den angivne rækkefølge. Bland de resterende ingredienser i en gryde og varm op til den er varm (må ikke koge).
b) Overfør til brødformen.
c) Indstil maskinen til indstillingen "hvidt brød", og bag derefter som anvist af brødmaskinen.

16. Protein power vafler

INGREDIENSER:
- 6 store æg
- 2 kopper hytteost
- 2 kopper gammeldags havregryn
- ½ tsk vaniljeekstrakt
- Knip kosher salt
- 3 kopper fedtfri yoghurt
- 1½ dl hindbær
- 1½ dl blåbær

INSTRUKTIONER:
a) Forvarm et vaffeljern til medium høj. Smør let toppen og bunden af strygejernet eller beklæd med nonstick-spray.
b) Kom æg, hytteost, havre, vanilje og salt i en blender og blend, indtil det er glat.
c) Hæld en lille ½ kop af æggeblandingen i vaffeljernet, luk forsigtigt, og kog indtil gyldenbrun og sprød, 4 til 5 minutter.
d) Placer vafler, yoghurt, hindbær og blåbær i måltidsbeholdere.

17. Ukrainsk Morgenmad Hash

INGREDIENSER:
- 10 yukon gold eller rødbrune kartofler skåret i tern
- 2 spsk frisk babydild, hakket
- 1 løg (medium) hakket
- ⅔ kop surkålsvæske presset ud og hakket fint,
- 1 375 grams ring dobbelt røget ukrainsk pølse, skåret i cirkler
- 2 ½ kopper skivede svampe
- 1 hakket grøn peber
- 2 spiseskefulde vegetabilsk olie
- 3 spsk smør
- 1 kop tør hytteost
- 2 fed knust hvidløg d
- 1 tsk salt
- ½ tsk peber
- æg

INSTRUKTIONER:
a) Skær kartoflerne i tern og kog kartoflerne i mikrobølgeovnen på utildækket tallerken/fad i cirka 15 minutter, eller indtil en gaffel nemt kan gå gennem kartoffelstykker, men de stadig er faste/holder form.

b) I mellemtiden: Opvarm olie i en stor stegepande til medium-høj og sauter kubassa/kielbasa i 3-4 minutter, omrør og vend jævnligt, og tag den derefter ud på en tallerken. Sæt til side.

c) Tilsæt 1 spsk mere madolie på panden, og svits derefter grøn peber, løg og hvidløg på medium-lav i 5 minutter. Tilsæt svampe og kog i yderligere 3-4 minutter. Sæt til side i en separat skål.

d) Tilsæt smør på panden og kog kartoflerne under omrøring og vend jævnligt i 15 minutter, indtil de er brune på ydersiden og bløde indeni.

e) Tilsæt derefter grøn peber/løg-blanding tilbage til gryden, samt kubassa, surkål, tør hytteost, fad og kog under omrøring i cirka 10 minutter mere.

f) Hvis du bruger æg: kog æg efter din smag og læg oven på hash.

18. Morgenmad sandwich

INGREDIENSER:
- 1 æg
- 1 spsk tør hytteost
- ½ tsk dild
- 1 spsk creme fraiche
- ⅓ kop skåret ukrainsk kielbasa
- 1 tsk sennep
- ½ tsk peberrod
- 1 fuld hvede engelsk muffin
- 2 tomatskiver

INSTRUKTIONER:
a) Toast engelsk muffin.
b) Spray indersiden af et kaffekrus med non-stick madlavningsspray. Bræk ægget i et krus og tilsæt tør hytteost og dild. Rør forsigtigt i et sekund og prøv ikke at knække blommen.
c) Sæt æggeblandingen i mikrobølgeovnen i 30-40 sekunder (med låg) eller indtil ægget er stivnet. Løsn forsigtigt ved at køre en kniv mellem indersiden af kruset og ægget.
d) Bland cremefraiche, peberrod og sennep sammen. Fordel jævnt på hver side af den engelske muffin.
e) Top den ene side af den engelske muffin med skiver kielbasa og skub forsigtigt det kogte æg ud af kruset og oven på kielbasa.
f) Tilsæt skivede tomater. Top med den anden halvdel af en engelsk muffin.
g) Server straks.

19. Babbka

INGREDIENSER:
- 1 pakke Aktiv tørgær
- knivspids sukker
- ¼ kop varmt vand
- ½ kop usaltet smør, smeltet
- ¼ kop sukker
- 1½ tsk salt
- 2 tsk vaniljeekstrakt
- ½ tsk mandelekstrakt
- ¾ kop varm mælk
- 3 æg
- 4 kopper ubleget universalmel
- 2 spsk usaltet smør, til pensling af dejen
- 3 spsk vaniljepulver eller melis
- 1½ dl tør hytteost
- ⅓ kop sukker
- 1½ spsk creme fraiche
- 1½ spsk Mel
- 1 æg hver
- 1 tsk citronskal
- ½ tsk vaniljeekstrakt
- 3 spsk Ribs
- 2 spsk Cognac i 1/2 time

INSTRUKTIONER:

a) Drys gær og sukker over varmt vand i en lille skål og rør for at opløses. Lad stå indtil skum, cirka 10 minutter. I en stor skål kombineres smør, sukker, salt, vanilje, mandler, mælk, æg og 1 kop mel. Pisk til det er glat med et piskeris. Tilsæt gærblanding. Pisk 3 minutter eller indtil glat.

b) Tilsæt mel, ½ kop ad gangen med en træske, indtil der er dannet en blød dej. Vend dejen ud på en let meldrysset overflade og ælt til den er glat og silkeagtig, cirka 5 minutter.

c) Sørg for, at dejen forbliver blød. Placer i en smurt skål, vend én gang for at smøre toppen, og dæk med plastfolie. Lad hæve på et lunt sted til det er fordoblet, cirka 1½ time. I mellemtiden blandes ingredienserne til fyldet i en skål, pisk indtil cremet. Tøm forsigtigt dejen ud, vend ud på et let meldrysset bord og rul eller dup til et 10 x 12-tommers rektangel.

d) Pensl med smeltet smør. Fordel med fyld, efterlad en ½ tomme kant rundt om dejen. Rul op jelly roll mode og klem sømme. Hold den ene ende, drej dejen omkring 6 til 8 gange for at lave et reb.

e) Form til en flad spole og placer i en godt smurt 10 til 12 kopper form eller rørform. Klem enderne sammen, og juster dejen, så den ligger jævnt i gryden, ikke mere end ⅔ fuld.

f) Dæk løst med plastfolie og lad hæve, indtil det er jævnt med toppen af gryden, cirka 45 minutter. Bages i en forvarmet 350 grader F. ovn i 40 til 45 minutter, eller indtil gyldenbrun og en kage tester kommer ud ren. Der vil være en hul lyd, når der trykkes på. Lad stå i 5 minutter i gryden, og flyt derefter fra bradepande til en rist for at køle helt af.

g) Lad stå i 4 timer eller natten over, pakket ind i plastik før udskæring. Drys med flormelis eller dryp pulveriseret sukkerglasur.

20. Frittatas med rød peber og hytteost

INGREDIENSER:

- ½ rød peberfrugt i tern
- 2 UK store (US ekstra store) fritgående æg
- 4 spsk hytteost
- 1 spsk friskrevet parmesanost
- 2 forårsløg (spidskål), skåret i skiver
- 2 tsk friskhakket persille
- Knip friskrevet muskatnød
- knivspids friskkværnet sort peber
- knivspids havsalt (kosher).

INSTRUKTIONER:

a) Forvarm ovnen til 180C blæser, 350F, Gasmærke 6.

b) Smør 2 ovnfaste ramekins og læg dem på en bageplade.

c) Fjern kerner og kerne fra den røde peber og skær dem i tern. Snit forårsløgene (spidskålen) fint. Hak persillen.

d) Bræk æggene i en skål. Smag til med hav (kosher) salt, peber og en generøs rive muskatnød og pisk let.

e) Vend hytteost, rød peber, forårsløg (spidskål) og hakket persille i. Fordel blandingen mellem ramekins og drys den revet parmesanost over.

f) Bages i 18-20 minutter eller indtil de lige er stivnet. Lad den køle lidt af, inden den tages ud af formen og serveres.

g) Disse kan spises lune eller afkølede og pakkes i en forseglet beholder til morgenmad på farten.

21. Skaldyrs-quiche uden skorpe

INGREDIENSER:

- 4 æg
- 1 kop creme fraiche
- 1 kop fedtfattig hytteost
- ½ kop parmesanost
- 4 spsk mel
- 1 tsk Løgpulver
- ¼ tsk salt
- 4 ounce dåse svampe; drænet
- ½ pund Monterey jack ost
- 8 ounce salat rejer
- 1 tsk citronskal
- 1 spsk grønne løg toppe,
- 8 ounce krabbe eller surimi
- 1 tsk citronskal
- ¼ kop skivede mandler
- 15½ ounce rød laks på dåse
- ½ tsk Dildukrudt

INSTRUKTIONER:

a) Bland de første 7 ingredienser i en blender. Blend indtil glat. Anret ost, skaldyr, svampe og krydderier i quichefad. Hæld blandede ingredienser over.

b) Bages ved 350 grader F. i 45 minutter, eller indtil en kniv indsat i midten kommer ren ud.

c) Lad stå 5 minutter før skæring

22. Amish morgenmadsgryde

INGREDIENSER:
- 1/2 pund bacon
- 1/2 pund morgenmadspølse
- 1/2 tsk salt
- 1/2 tsk sort peber
- 1/4 tsk hvidløgspulver
- 1 tsk varm sauce
- 2 store bagte kartofler, afkølet og strimlet
- 1 lille løg, fint skåret
- 8 ounce skarp cheddarost, revet - delt
- 8 ounce schweizisk ost, revet - delt
- 6 æg, let pisket
- 1 1/2 dl hytteost

INSTRUKTIONER:
a) Begynd med at koge bacon og pølse. Jeg kan godt lide at tilberede min bacon i ovnen. Bare beklæd en stor bageplade med folie, læg baconen på pladen og sørg for, at stykkerne ikke rører. Sæt bakken med bacon i en KOLD ovn på en midterste hylde.
b) Tænd ovnen på 400 grader og lad baconen stege i cirka 18-22 minutter, eller til baconen er dejlig sprød.
c) Mens baconen steger, sauter du pølsen til den er gennemstegt. Tag pølsen ud af gryden og sæt pølsen til side på en tallerken med køkkenrulle. Svits det hakkede løg i samme stegepande. Du kan også sautere andre grøntsager, du ønsker at inkludere på dette tidspunkt (røde eller grønne peberfrugter, zucchini, svampe osv.).
d) Når baconen er stegt, tages forsigtigt panden ud af ovnen, og baconen overføres til en tallerken beklædt med køkkenrulle. Når baconen har fået et par minutter til at

dryppe af, skæres bacon og pølse i små mundrette stykker.

e) Kombiner revne kartofler i en stor skål med salt, sort peber, hvidløgspulver og varm sauce. Rør hytteost i og alt undtagen 1/4-1/2 kop hver af cheddar- og schweizisk ost (du skal bruge dette til toppen).

f) Rør bacon og pølse i, men sørg for at reservere 1/4 kop af hver til toppen.

g) Rør derefter eventuelle sauterede grøntsager i.

h) Rør 6 æg, der er blevet lidt pisket.

i) Smør en 9 x 13 tommer pande, eller to mindre pander, hvis du vil have en gryde til at spise nu, og en til at fryse senere. Fordel blandingen i gryden(e). Top med reserveret ost, bacon og pølse.

j) På dette tidspunkt, hvis du laver dette forud, skal du dække gryden med folie og placere i den

k) køleskab. 30 minutter før du skal bage den, tag den ud af køleskabet, så den kan begynde at få stuetemperatur.

l) Hvis du planlægger at lave den og bage den på samme tid, skal du forvarme ovnen til 350 grader.

m) Bag gryden i 35-40 minutter, eller indtil al osten er smeltet og bobler, og gryden har sat sig i midten. Du kan enten fjerne gryden fra ovnen på dette tidspunkt, eller tænde din slagtekylling og stege gryden i et par minutter for at brune osten.

n) Lad gryden køle af i et par minutter, skær derefter i stykker og server.

SNACKS OG FORRETTER

23. Hytteost fyldte appelsiner

INGREDIENSER:
- 4 appelsiner
- ½ kop hytteost
- ¼ kop tørrede tranebær
- ¼ kop hakkede pistacienødder eller pekannødder
- Honning til støvregn

INSTRUKTIONER:

a) Skær toppen og bunden af hver appelsin af, så kødet blotlægges.
b) Skær rundt om indersiden af appelsinen, adskil kødet fra sværen.
c) Kombiner hytteost, tørrede tranebær og hakkede pistacienødder i en skål.
d) Fyld hver appelsin med hytteostblandingen.
e) Dryp honning over de fyldte appelsiner.
f) Serveres afkølet.

24. Spinat Empanadas

INGREDIENSER:
TIL KÆRKET:
- 16 ounce flødeost, blødgjort
- ¾ kop smør, blødgjort
- 2½ kopper mel
- ½ tsk salt

TIL FYLDET:
- ¼ kop løg, finthakket
- 3 fed hvidløg, hakket
- 4 skiver bacon, kogt og smuldret
- 1 spsk bacondryp
- 10 ounce spinat, frosset, optøet og drænet
- 1 kop hytteost
- ¼ tsk peber
- ⅛ teskefuld stødt muskatnød
- 1 æg, pisket

INSTRUKTIONER:
TIL KÆRKET:
a) I en stor røreskål piskes den blødgjorte flødeost og det blødgjorte smør, indtil det er glat. Du kan bruge en ståmixer til dette, da blandingen er tung.

b) Tilsæt gradvist mel og salt. Ælt dejen let i hånden, indtil den samler sig.

c) Dæk dejen med plastfolie og stil den på køl i mindst 3 timer.

TIL FYLDET:
d) I en mellemstor stegepande koges det hakkede løg og hakket hvidløg i bacondryppene, indtil løget er mørt, men ikke brunet.

e) Bland smuldret bacon, optøet og afdryppet spinat, hytteost, peber og stødt muskatnød i. Lad blandingen køle af.

MONTAGE:

f) Forvarm din ovn til 450°F (230°C).

g) Rul den afkølede wienerbrød ud på en meldrysset overflade til en tykkelse på $\frac{1}{8}$ tomme.

h) Brug en 3-tommer rund skærer til at skære cirkler ud fra wienerbrødet.

i) Placer cirka 1 tsk af det forberedte fyld på den ene side af hver kagecirkel, lige uden for midten.

j) Fugt kanten af kagecirklen med det sammenpiskede æg.

k) Fold dejen på midten over fyldet, og skab en halvcirkelformet empanada.

l) Forsegl kanterne ved at trykke dem med gaffeltænder.

m) Brug gaflen til at stikke toppen af hver wienerbrød for at skabe en udluftning.

n) Læg empanadaerne på en usmurt bageplade.

o) Pensl toppen af empanadas med det sammenpiskede æg.

p) Bag i den forvarmede ovn i 10 til 12 minutter, eller indtil de bliver gyldenbrune.

q) Nyd dine lækre Spinat Empanadas!

25. Asiatiske Cottage Cheese Crackers

INGREDIENSER:
- 400 gram hytteost
- 200 gram cocktailtomater
- 160 gram mel
- 1 kop frisk basilikum
- 1 kop frisk purløg
- 1 spsk olivenolie
- 1 spsk asiatiske urter
- En knivspids groft havsalt
- En knivspids hele regnbuepeberkorn

INSTRUKTIONER:
a) Forvarm din ovn til 200°C (392°F) for at sikre de bedste resultater for dine kiks.

b) Begynd med at vaske cocktailtomater, fjern deres saft og frø og skær dem i fine tern. Skær den friske basilikum og purløg i tynde skiver.

c) I en skål kombineres hytteost, frisk basilikum og frisk purløg med melet. Krydr blandingen med et nip Kotányi havsalt og regnbuepeberkorn efter din smag. Rør 1 spsk Kotányi asiatiske urter i og bland grundigt.

d) Beklæd en bageplade med bagepapir og dryp den med olivenolie. Form blandingen til rundinger og læg dem på bakken. Bages i den forvarmede ovn i cirka 8-10 minutter. Husk at vende runderne halvvejs i kogetiden og toppe dem med de finthakkede tomater.

26. Cocktailfest frikadeller

INGREDIENSER:
- ¼ kop Fedtfri hytteost
- 2 æggehvider
- 2 teskefulde Worcestershire sauce
- ½ kop Plus 2 spsk almindeligt brødkrummer
- 8 ounces malet kalkunbryst
- 6 ounce kalkunpølse; fjernet fra hylstre
- 2 spsk Hakket løg
- 2 spsk Hakket grøn peberfrugt
- ½ kop Frisk snittet persille og bladselleri

INSTRUKTIONER:
a) Spray en bageplade med no-stick spray og stil til side.

b) I en stor skål røres hytteost, æggehvider, Worcestershire sauce og ½ kop brødkrummer sammen. Rør kalkunbryst, kalkunpølse, løg og grønne peberfrugter i.

c) Form kyllingeblandingen til 32 frikadeller. Kombiner persille, bladselleri og de resterende 2 spiseskefulde brødkrummer på et ark vokspapir. Rul frikadellerne i persilleblandingen, til de er jævnt dækket.

d) Overfør frikadellerne til den forberedte bageplade. Steg 3 til 4 inches fra varmen i 10 til 12 minutter .

27. Hytteost & ananas nålehjul

INGREDIENSER:
- 2 1 oz 30 g skiver uden skorpe Hvidt brød
- 2 teskefulde smørepålæg med lavt fedtindhold.
- 2 ounce 60 g Fedtfattig hytteost med ananas
- Mandler eller usaltede jordnødder hakkes fint

INSTRUKTIONER:
a) Dæk brødskiverne jævnt med det fedtfattige smørepålæg.
b) Gem 2 tsk af hytteosten og fordel resten mellem brødspredningen, så den dækker overfladen.
c) Rul sammen til pølseforme
d) Mos den reserverede hytteost med en teske, indtil den er glat, og spred derefter lidt ned langs den rullede sandwich.
e) Rist de hakkede nødder let og drys dem langs rullen. Server med det samme.

28. Dessert zucchini fritter

INGREDIENSER:
- 2 æg
- ⅔ kop Fedtfattig hytteost
- 2 skiver smuldret hvidt eller WW brød
- 6 teskefulde sukker
- 1 streg Salt
- ½ tsk bagepulver
- 2 teskefulde vegetabilsk olie
- 1 tsk vaniljeekstrakt
- ½ tsk stødt kanel
- ¼ tsk stødt muskatnød
- ⅛ teskefuld malet allehånde
- 2 spsk Rosiner
- 1 kop til sidst strimlet uskrællet zucchini

INSTRUKTIONER:
a) Bland alle ingredienser undtagen rosiner og zucchini. Blend indtil glat.
b) Hæld blandingen i en skål.
c) Rør zucchini og rosiner i æggeblandingen.
d) Forvarm en nonstick stegepande eller stegepande over medium-høj varme.
e) Smid dejen på bagepladen med en stor ske, og lav 4-tommers kager.
f) Vend forsigtigt fritterne, når kanterne virker tørre.

29. Chile ostesoufflé firkanter

INGREDIENSER:

- 8 spsk ægte smør
- ½ kop mel
- 1 tsk bagepulver
- skvæt salt
- 10 æg
- 7 ounce kan brænde ristet grøn chili, drænet
- 2 kopper hytteost
- 1 pund Monterey jack ost, revet

INSTRUKTIONER:

a) Skær smør i store stykker og kom i en 9×13 gryde.
b) Sæt gryden i ovnen og forvarm til 400 grader.
c) Pisk mel, bagepulver og salt sammen i en stor røreskål.
d) Tilsæt 1-2 æg og pisk blandingen til der ikke er klumper.
e) Tilsæt de resterende æg og pisk til det er glat.
f) Rør grøn chili, hytteost og jack cheese i og rør, indtil det lige er blandet.
g) Tag gryden ud af ovnen og vip gryden, så smørret dækker det hele, hæld derefter forsigtigt smørret i æggeblandingen og rør rundt.
h) Hæld blandingen tilbage i den varme gryde.
i) Når ovnen er forvarmet, sættes gryden i ovnen og koges i 15 minutter.
j) Reducer varmen til 350 grader og kog i yderligere 35-40 minutter, eller indtil toppen er gylden og let brunet.
k) Lad den køle af i 10 minutter, før den skæres i firkanter og serveres.

30. Spinat roll-ups

INGREDIENSER:
- 6 ounce lasagne nudler, ukogte
- 10 ounce spinat, frosset
- 1 kop hytteost fedtfattig 2%
- 2 spsk parmesan, revet
- ¾ tsk Muskatnød
- ¼ teskefuld peber
- ½ tsk appelsinskal
- ½ spsk hakket hvidløgsfed
- ½ kop hakket løg
- 3 spsk ekstra jomfru olivenolie
- ½ spsk basilikum, tørret
- 16 ounce tomatsauce, dåse

INSTRUKTIONER:
a) Mens de 8 lasagne nudler koger.
b) Bland ingredienserne 2 til 7 til fyldet.
c) Afkøl de kogte nudler og læg dem fladt ud.
d) Fordel to eller tre spiseskefulde af fyldet på kogte nudler, og rul dem sammen ende mod ende.
e) Stå op i en to-quart gryde eller smurt otte-tommer firkantet pande.
f) Tilbered saucen af resten af ingredienserne.
g) Svits hvidløg og løg i olivenolie, indtil de er bløde.
h) Tilsæt basilikum og tomatsauce. Rør for at blande helt.
i) Hæld lasagnenudlerne over og bag dem ved 350 grader i 20 minutter.

31. Jordbær Cottage Cheese Bars

INGREDIENSER:
- 16 ounce karton hytteost
- 2 spsk mel
- ¾ kop sukker
- 2 æg, godt pisket
- Revet citronskal
- 2 spsk citronsaft
- ¼ kop tung fløde
- Knivspids salt
- 2 tsk vanilje
- ½ tsk muskatnød
- ½ kop gyldne rosiner
- ½ kop hakkede valnødder
- 1 kop friske jordbær, afskallede og skåret i skiver plus mere til pynt
- Mynteblade, til pynt

INSTRUKTIONER:
a) Forvarm din ovn til 350°F (175°C).
b) Forbered en bageplade ved at smøre den med madlavningsspray eller smør.

FORBERED FYLDET:
c) I en stor skål kombineres hytteost, mel, sukker, citronskal, citronsaft, fløde, salt, vanilje, muskatnød og gyldne rosiner.
d) Rør indtil alle ingredienser er godt blandet.
e) Vend forsigtigt de skivede friske jordbær i blandingen. Jordbærene vil tilføje et udbrud af frugtagtig smag til barerne.

BAGE:

f) Hæld blandingen i den tilberedte bradepande og fordel den jævnt.
g) Drys de hakkede nødder ovenpå.
h) Bages i cirka 45 minutter, eller indtil stængerne er sat.
i) Når du er færdig med at bage, kan du drysse et strejf mere muskatnød over toppen for ekstra smag.
j) Pynt med et par friske jordbær og mynteblade.
k) Afkøl før skæring.

32. Fyldte auberginer

INGREDIENSER:
- 4 små auberginer, halveret på langs
- 1 tsk frisk limesaft
- 1 tsk vegetabilsk olie
- 1 lille løg, hakket
- ¼ tsk hvidløg, hakket
- ½ af en lille tomat, hakket
- Salt og kværnet sort peber efter behov
- 1 spsk hytteost, hakket
- ¼ grøn peberfrugt, frøet og hakket
- 1 spsk tomatpure
- 1 spsk frisk koriander, hakket

INSTRUKTIONER:
a) Skær forsigtigt en skive fra den ene side af hver aubergine på langs.
b) Skrab kødet ud af hver aubergine med en lille ske, og efterlad en tyk skal.
c) Overfør auberginekødet i en skål.
d) Dryp auberginerne jævnt med limesaft.
e) Tryk på knappen AIR OVEN MODE på Ninja Foodi Digital Air Fryer Ovnen, og drej drejeknappen for at vælge "Air Fry"-tilstand.
f) Tryk på knappen TIME/SLICES og drej knappen igen for at indstille tilberedningstiden til 3 minutter.
g) Tryk nu på TEMP/SHADE-knappen og drej drejeknappen for at indstille temperaturen til 320 °F.
h) Tryk på "Start/Stop"-knappen for at starte.
i) Når enheden bipper for at vise, at den er forvarmet, skal du åbne ovndøren.
j) Anbring de udhulede auberginer i den smurte luftstegskurv og sæt dem i ovnen.

k) I mellemtiden opvarmer du olien i en stegepande over middel varme og sauterer løg og hvidløg i cirka 2 minutter.
l) Tilsæt auberginekød, tomat, salt og sort peber og sauter i ca. 2 minutter.
m) Rør ost, peberfrugt, tomatpure og koriander i og kog i ca. 1 minut.
n) Fjern gryden med grøntsagsblandingen fra varmen.
o) Når tilberedningstiden er færdig, åbner du ovndøren og anbringer de kogte auberginer på en tallerken.
p) Fyld hver aubergine med grøntsagsblandingen.
q) Luk hver med sin afskårne del.

33. Fyldte svampe med ost

INGREDIENSER:
- 1 spsk smør, blødgjort
- 1 skalotteløg, hakket
- 2 fed hvidløg, hakket
- 1 ½ kop hytteost, ved stuetemperatur
- 1/2 kop Romano ost, revet
- 1 rød peberfrugt, hakket
- 1 grøn peberfrugt, hakket
- 1 jalapenopeber, hakket
- 1/2 tsk tørret basilikum
- 1/2 tsk tørret oregano
- 1/2 tsk tørret rosmarin
- 10 mellemstore knapsvampe, stilke fjernet

INSTRUKTIONER:
a) Tryk på knappen "Sauté" for at varme din Instant Pot op. Når det er varmt, smelt smørret og sauter skalotteløgene, indtil de er møre og gennemsigtige.

b) Rør hvidløg i og steg yderligere 30 sekunder eller indtil aromatisk. Tilsæt nu de resterende ingredienser, bortset fra svampehætterne, og rør for at blande godt.

c) Fyld derefter svampehætterne med denne blanding.

d) Tilføj 1 kop vand og en steamer-kurv til din Instant Pot. Anret de fyldte svampe i dampkogeren.

e) Fastgør låget. Vælg "Manuel" tilstand og Højtryk; kog i 5 minutter. Når tilberedningen er færdig, brug en hurtig trykudløser; fjern forsigtigt låget.

f) Anret de fyldte svampe på et serveringsfad og server. God fornøjelse!

34. Hytteostekugler med chokoladeglasur

INGREDIENSER:

- 500 gram fed hytteost
- 300 gram kokosolie
- 2 spsk. Af hud
- 100 gram mørk chokolade
- 50 ml fløde

INSTRUKTIONER:

a) I en stor røreskål kombineres hytteosten og skindet. Rør 200 gram kokosolie i, indtil blandingen er ensartet i farven.

b) Små kugler skal dannes og derefter lægges i en beholder, før de fryses i 15 minutter. Smelt chokoladestykkerne i vandbad ved svag varme. Der skal tilsættes 100 gram kokosolie og fløde.

c) Kog i 5 minutter efter omrøring i massen. Stil de frosne hytteostkugler i fryseren i 25 minutter, efter du har overtrukket dem med chokoladeglasur.

35. Hytteost sesamkugler

INGREDIENSER:
- 16 ounce bondeost eller hytteost
- 1 kop finthakkede mandler
- 1 og 1/2 kop havregryn

INSTRUKTIONER:
a) I en stor skål kombineres blandet hytteost, mandler og havregryn.
b) Lav kugler og rul i sesamfrøblanding.

36. Cottage cheese cookies

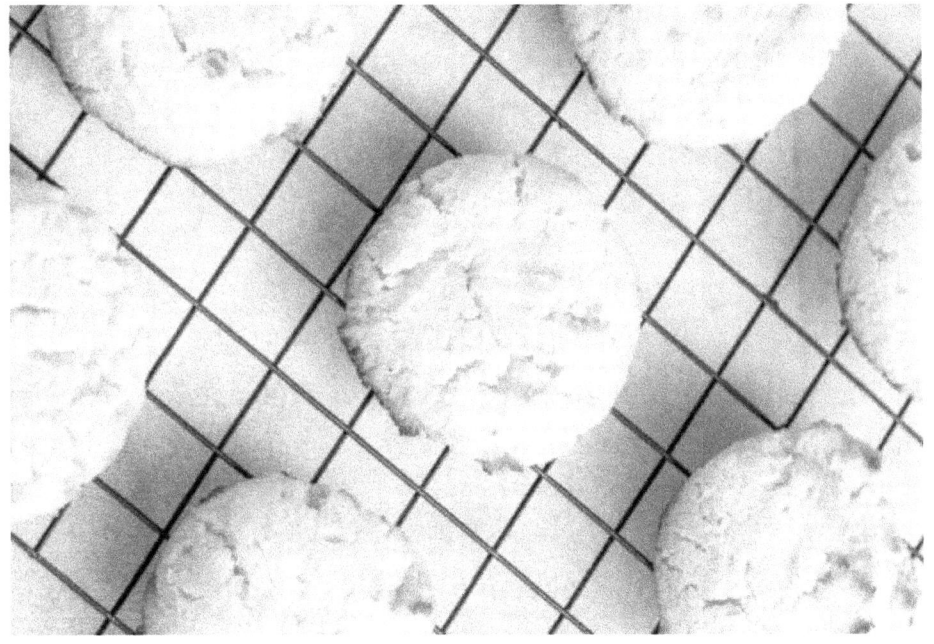

INGREDIENSER:
- ½ kop smør eller smørerstatning
- 1½ kop mel
- 2 tsk bagepulver
- ½ kop hytteost
- ½ kop sukker
- ½ tsk salt

INSTRUKTIONER:
a) Fløde smør og ost til det er grundigt blandet. Sigt mel, mål og sigt med sukker, bagepulver og salt. Tilsæt gradvist til den første blanding. Form til et brød. Afkøl natten over. Skær tyndt.

b) Læg på en let olieret bageplade. Bages i en moderat ovn (400 F) i 10 minutter, eller indtil delikat brun.

37. Cottage cheese havregryn cookies

INGREDIENSER:
- 1 kop mel
- 1 tsk salt
- ½ tsk bagepulver
- 1 tsk kanel
- 1½ kop sukker
- ½ kop melasse
- 1 pisket æg
- 1 tsk citronskal
- 1 spsk citronsaft
- ¾ kop smeltet fedtstof
- ½ kop flødeost
- 3 kopper hurtiglavet havregryn

INSTRUKTIONER:
a) Sigt mel, salt, natron og kanel sammen. Bland de næste fem ingredienser , og tilsæt derefter den sigtede melblanding, fedtstof og hytteost.

b) Blend i havregryn. Kom teskefulde på en smurt bageplade og bag ved 350-375 grader, indtil de er færdige.

38. Sous vide æggebid

INGREDIENSER:
- 1/2 tsk salt
- 4 æg
- 4 skiver bacon, hakket
- 3/4 kop parmesanost, revet
- 1/2 kop hytteost, revet
- 1/4 kop tung creme
- 1 kop vand

INSTRUKTIONER:
a) Tænd for instant-gryden, tryk på knappen 'sauté/simre', vent til den er varm og tilsæt bacon.
b) Kog hakket bacon i 5 minutter eller mere, indtil det er sprødt, overfør det til en tallerken foret med køkkenrulle, lad hvile i 5 minutter og smuldr det derefter.
c) Knæk æg i en skål, smag til med salt, tilsæt oste og fløde og blend til en jævn masse. Fordel smuldret bacon jævnt mellem formene på en silikonebakke, smurt med olie, hæld derefter æggeblandingen i til 3/4 fuld og dæk bakken løst med folie.
d) Tryk på 'hold varm'-knappen, hæld vand i instant-gryden, indsæt derefter bordskånstativet og anbring silikonebakken på den.
e) Luk instant-gryden med låget i forseglet position, tryk derefter på 'damp'-knappen, tryk på '+/-' for at indstille tilberedningstiden til 8 minutter og kog ved højtryksindstilling; når trykket stiger i gryden, starter tilberedningstimeren.
f) Når den øjeblikkelige gryde summer, tryk på knappen 'hold varm', slip trykket naturligt i 10 minutter, lav derefter en hurtig trykudløsning og åbn låget. Tag bakken

ud, afdæk den og vend panden over på en tallerken for at fjerne æggebiderne.

39. Selleristokke

INGREDIENSER:
- 1 gulerod, revet
- $\frac{1}{4}$ kop rosiner
- $\frac{1}{2}$ kop fedtfattig hytteost
- 6 selleri stilke, skåret i 3-tommer stykker

INSTRUKTIONER:

a) I en lille skål blandes gulerødder, rosiner og hytteost sammen.

b) Top selleri stykker med blanding.

40. Hytteost fyldte svampe

INGREDIENSER:
- 12 store svampe, renset og stilke fjernet
- 1 kop hytteost
- 1/4 kop revet mozzarellaost
- 2 spsk frisk persille, hakket
- 1/2 tsk hvidløgspulver
- Salt og peber efter smag

INSTRUKTIONER:
a) Forvarm din ovn til 375°F (190°C).
b) I en skål kombineres hytteost, mozzarellaost, hakket persille og hvidløgspulver.
c) Smag til med salt og peber, juster efter smag.
d) Fyld hver svampehætte med hytteostblandingen.
e) Læg de fyldte svampe på en bageplade.
f) Bages i 15-20 minutter eller indtil svampene er møre og osten er smeltet og gylden.
g) Serveres varm som en lækker forret eller tilbehør.

41. Hytteost og spinat dip

INGREDIENSER:
- 1 kop hytteost
- 1 kop frisk spinat, finthakket
- 1/4 kop revet parmesanost
- 2 fed hvidløg, hakket
- 1 tsk citronsaft
- Salt og peber efter smag

INSTRUKTIONER:
a) I en foodprocessor kombineres hytteost, hakket spinat, revet parmesanost, hakket hvidløg og citronsaft.
b) Blend indtil blandingen er jævn.
c) Smag til med salt og peber, juster efter smag.
d) Overfør dippen til en serveringsskål.
e) Server med friske grøntsager, kiks eller pitabrød.

SANDWICH, WRAPS OG BURGERE

42. Marokkansk lam og harissa burgere

INGREDIENSER:
- 500 g lammefars
- 2 spsk harissa pasta
- 1 spsk spidskommen frø
- 2 bundter arvestykke gulerødder
- ½ bundt mynte, blade plukket
- 1 spsk rødvinseddike
- 80 g rød Leicester ost, groft revet
- 4 frøede briocheboller, delt
- ⅓ kop (65 g) hytteost

INSTRUKTIONER:
a) Beklæd en bageplade med bagepapir. Læg farsen i en skål og smag rigeligt til. Tilsæt 1 spsk harissa og bland godt sammen med rene hænder.
b) Form lammeblandingen til 4 bøffer og drys med spidskommen. Placer på forberedt bakke, dæk og afkøl indtil de skal bruges (bring frikadeller til stuetemperatur før tilberedning).
c) Kombiner i mellemtiden gulerod, mynte og eddike i en skål og sæt til side til at sylte lidt.
d) Varm en grill- eller grillpande op til medium-høj varme. Grill bøfferne i 4-5 minutter på hver side, eller indtil der dannes en god skorpe. Top med ost, dæk derefter (brug folie, hvis du bruger en grillpande) og kog uden at vende i yderligere 3 minutter, eller indtil osten er smeltet og frikadeller er gennemstegte.
e) Grill briocheboller med skærsiden nedad i 30 sekunder eller indtil de er let ristede. Fordel hytteost mellem bollebunde, og top med syltet gulerodsblanding.

f) Tilsæt bøffer og de resterende 1 spsk harissa. Sæt lågene på, klem så harissaen siver ned af siderne og sætter sig fast.

43. Chard bruschetta

INGREDIENSER:
- ½ pund rød chard
- 4 fed hvidløg, hakket
- Nonstick olivenolie madlavningsspray
- 2 spsk vand
- 1 spsk hakket dild
- Salt og peber
- ½ kop Fedtfri hytteost
- 24 skiver franskbrød, ristet
- 2 tsk Smør
- ½ kop frisk brødkrummer

INSTRUKTIONER:
a) Fjern stilkene fra chard og skær i ½-tommers stykker. Skær blade i 2-tommer stykker.
b) Sautér hakkede mangoldstilke og 2 fed hvidløg i en stegepande sprøjtet med nonstick-spray ved middel varme i 1 minut.
c) Tilsæt vand, reducer varmen og lad det simre under låg, indtil det er mørt, cirka 10 minutter.
d) Rør hakkede chard-blade i og kog over høj varme, indtil de er visne, 1 til 2 minutter.
e) Reducer varmen, læg låg på og lad det simre i 10 minutter mere.
f) Fjern fra varmen og rør dild i. Smag til med salt og peber. Sæt til side.
g) Purér hytteost i en blender eller foodprocessor, indtil det er glat.
h) Rør salt i efter smag. Smelt smør i en lille stegepande ved middel-lav varme.

i) Tilsæt de resterende 2 fed hvidløg og sauter under omrøring, indtil de er møre, men ikke brune, cirka 1 minut.

j) Rør brødkrummer i, så de er dækket med hvidløg og smør, og kog under omrøring, indtil de er brune, 1 til 2 minutter.

k) Fordel cirka 1 tsk pureret hytteost på hver skive ristet brød.

l) Top med cirka 1 spsk chard, og drys derefter med ristet brødkrummer.

44. Paneer Bhurji Sandwich

INGREDIENSER:
- ½ tsk grøn chili, hakket
- 1 ½ spsk frisk koriander, hakket
- 4 brødskiver
- ½ kop hytteost
- 2 spsk tomater
- ¼ tsk peberpulver
- En knivspids gurkemejepulver
- ¼ tsk spidskommen frø
- Salt
- 1 ½ tsk klaret smør

INSTRUKTIONER:
a) Opvarm ghee eller olie i en gryde og tilsæt spidskommen.
b) Når frøene begynder at krakelere, tilsæt de grønne chili og rør rundt.
c) Rør den hakkede tomat i et par sekunder, eller indtil den er blød.
d) Bland gurkemeje og paneer i.
e) Rør peberpulver og salt i, og rør i et par sekunder.
f) Bland den hakkede koriander i gryden.
g) Smør smør på den ene side af hvert brød.
h) Læg en skive på grillen og fordel halvdelen af paneerfarsen over den.
i) Dæk med endnu et stykke brød, med smørsiden opad, og grill til de er gyldne.
j) Fjern fra grillen og skær i to stykker.

45. Oksekød & ost burritos

INGREDIENSER:

- 4 ounce hakket oksekød, magert
- 4 grønne løg, skåret i skiver
- 1 fed hvidløg, hakket
- ½ kop salsa
- ½ kop fedtfattig hytteost
- 1 tsk majsstivelse
- ¼ tsk tørret oregano. knust
- 2 mel tortillas, 6 inches
- ¼ kop Mozzarella ost, revet

INSTRUKTIONER:

a) Kog hakkebøf, løg og hvidløg i en lille gryde, indtil oksekødet ikke længere er lyserødt, og løget er mørt. Dræn fedt fra.
b) Kombiner 2T af salsaen, hytteosten, majsstivelsen og oregano. Tilsæt kødblandingen i gryden.
c) Kog og rør, indtil det er tyknet og boblende. Kog og rør i 2 minutter mere.
d) Fordel kødblandingen mellem tortillas; Rul op. Dæk til og hold varmt. Opvarm den resterende salsa i samme gryde. Hæld over burritos. Top med ost.

46. Grillet æble på surdejsmuffins

INGREDIENSER:
- 1 lille rødt lækkert æble
- ½ kop hytteost
- 3 spsk lilla løg finthakket
- 2 engelske surdejsmuffins, flækkede og ristede
- ¼ kop smuldret blåskimmelost

INSTRUKTIONER:
a) I en lille skål kombineres hytteost og løg og røres grundigt.
b) På hver halv muffin fordeles cirka 2 tsk hytteostblanding.
c) Placer 1 æblering ovenpå hver muffinkop; ligeligt, drys smuldret blåskimmelost over æbleringene.
d) Placer på en bradepande og grill i 1-12 minutter, eller indtil blåskimmelost smelter, 3 tommer fra flammen.

47. Chipotle Cheddar Quesadilla

INGREDIENSER:
- 4 tortillas
- 2 kopper hytteost
- 2 kopper cheddarost, revet)
- 1 rød peberfrugt i tynde skiver)
- 1 kop Portobello-svampe, skåret i tynde skiver
- 2-3 spsk Chipotle-krydderi
- Mild salsa (til dypning)

INSTRUKTIONER:
a) Tilsæt peberfrugt (skåret, rød) og svampe (skåret) i en stor grillpande ved middel varme.
b) Kog i cirka 10 minutter, indtil de er bløde. Fjern og kom over i en skål (medium). Sæt til side.
c) Tilsæt chipotlekrydderi og hytteost i en lille skål. Rør godt for at inkorporere.
d) Læg tortillas på grillpanden og hæld grøntsagsblandingen over tortillas.
e) Drys hytteostblanding over toppen, og top derefter med cheddarosten (revet).
f) Læg en ekstra tortilla over toppen af fyldet.
g) Kog i cirka 2 minutter og vend derefter og fortsæt med at lave mad i et minut mere.
h) Gentag processen med de resterende tortillas og fyld.
i) Server straks med salsaen (mild).

HOVEDRET

48. Grillet æble og ost

INGREDIENSER:
- 1 lille Rødt lækkert æble
- $\frac{1}{2}$ kop 1% fedtfattig hytteost
- 3 spiseskefulde Fint hakket lilla løg
- 2 Engelske surdejsmuffins, flækkede og ristede
- $\frac{1}{4}$ kop Smuldret blåskimmelost

INSTRUKTIONER:
a) Udkern æblet, og skær det på kryds og tværs i 4 ($\frac{1}{4}$-tommer) ringe; sæt til side.

b) Kom hytteost og løg i en lille skål, og rør godt. Fordel cirka 2-$\frac{1}{2}$ spiseskefulde hytteostblanding på hver muffinhalvdel.

c) Top hver muffinhalvdel med 1 æblering; drys smuldret blåskimmelost jævnt over æbleringene. Læg på en bageplade.

d) Steg 3 tommer fra varme i 1-$\frac{1}{2}$ minut, eller indtil blåskimmelost smelter.

49. Ost ravioli med rosmarin og citron

INGREDIENSER:
- 1 pakke (16 ounce) oste-ravioli
- 1 kop Fedtfri hytteost
- ½ kop inddampet skummetmælk
- 1 tsk tørret rosmarin
- ¼ tsk salt
- ¼ tsk friskkværnet sort peber
- 2 tsk frisk citronsaft
- ¼ kop fintrevet parmesan
- 3 spsk klippet frisk purløg
- 1 tsk fintrevet citronskal
- Citronbåde; valgfri

INSTRUKTIONER:
a) Kog pastaen efter pakken. Dræn og sæt til side.
b) Dæk eventuelt til for at holde varmen.
c) I mellemtiden, i en blender eller foodprocessor, blend eller forarbejde hytteost, mælk, rosmarin, salt og peber, indtil det er glat. Stil hytteostblandingen til side.
d) Kombiner parmesanost, purløg og citronskal.
e) Dræn raviolien og kom den over i en skål. Dryp citronsaften over den varme ravioli og vend forsigtigt rundt. Hæld derefter hytteostblandingen ovenpå og vend forsigtigt rundt, indtil det er dækket.
f) Til servering overføres ravioli til tallerkener.
g) Drys ost-purløg-citronskalblandingen ovenpå hver portion. Server eventuelt med citronbåde.

50. Ravioli lasagne

INGREDIENSER:
- 1 pakke frossen ost ravioli
- 20 ounces hytteost
- 2 æg
- 10 ounce frossen spinat
- 2 kopper Mozzarella ost; strimlet
- ½ kop parmesanost; revet
- 1 tsk italiensk krydderi eller pizzakrydderi
- Spaghetti sauce med kød

INSTRUKTIONER:
a) Forbered din favorit spaghetti sauce med kød.
b) Bland hytteost, krydderier, æg, parmesanost, spinat og 1 kop mozzarellaost.
c) I et stort rektangulært ovnfad, lag sauce, halvdelen af raviolien, halvdelen af osteblandingen, endnu et lag sauce, den anden halvdel af raviolien, resten af osteblandingen, og afslut med et lag sauce.
d) Bages ved 300 grader i cirka 30 minutter.
e) Læg resten af mozzarellaosten ovenpå og sæt tilbage i ovnen, indtil osten er smeltet.

51. Carbquik Lasagne tærte

INGREDIENSER:

- ½ kop hytteost
- ¼ kop revet parmesanost
- 1 pund hakkebøf, brunet og drænet
- 1 kop revet mozzarellaost, delt
- 1 tsk tørret oregano
- ½ tsk tørret basilikum
- 6 ounce tomatpure
- 1 kop Carb Countdown 2%
- 2 store æg
- ⅔ kop Carbquik
- 1 tsk salt
- ¼ tsk peber

INSTRUKTIONER:

a) Forvarm din ovn til 400°F (375°F, hvis du bruger en glasfad). Smør en 8-tommer firkantet pande og sæt den til side.

b) Læg hytteost og revet parmesanost i den tilberedte gryde.

c) I en røreskål kombineres det kogte hakkebøf, ½ kop mozzarellaost, tørret oregano, tørret basilikum (eller italiensk krydderi) og tomatpasta. Hæld denne blanding jævnt over ostelagene.

d) I en anden skål piskes mælk, æg, Carbquik, salt og peber sammen, indtil blandingen er jævn. Du kan bruge en blender på høj i 15 sekunder eller en håndpisker i 1 minut.

e) Hæld æg- og Carbquik-blandingen i gryden over oksekød- og ostelagene.

f) Bages i den forvarmede ovn, indtil tærten er gyldenbrun, og en kniv, der stikkes i midten, kommer ren ud, hvilket bør tage omkring 30 til 35 minutter.

g) Drys den resterende mozzarellaost over toppen og lad tærten stå i 5 minutter før servering.

h) Nyd din lasagnetærte, en low-carb og solid ret, der minder om klassisk lasagne!

52. Lasagne i et krus

INGREDIENSER:
- 2 pasta lasagneplader, klar til servering
- 6 ounce vand
- 1 tsk olivenolie eller madlavningsspray
- 3 spsk pizzasauce
- 4 spsk Ricotta eller hytteost
- 3 spsk spinat
- 1 spsk Cheddar ost
- 2 spsk kogt pølse

INSTRUKTIONER:
a) Knæk lasagneplader og læg dem ordentligt i kruset.
b) Spray med olivenolie, undgår at klæbe.
c) Dæk lasagne med vand.
d) Kog i 4 minutter i mikrobølgeovnen eller indtil pastaen ser mør ud.
e) Fjern vandet og stil pastaen til side.
f) I det samme krus tilsættes pizzasauce og lidt pasta i et krus.
g) Tilføj spinat, ricotta og pølse i lag.
h) Drys cheddarost på toppen.
i) Fortsæt lag igen begyndende med pasta.
j) Sæt i mikrobølgeovnen og dæk med et mikrobølgesikkert låg.
k) Tilbered i mikrobølgeovn i 3 minutter.
l) Lad afkøle i 2 minutter og nyd.

53. Focaccia al formaggio

INGREDIENSER:
- 1 pund Brød frossen brøddej; optøet
- 1 æg
- 1 kop hytteost
- 2 spsk parmesan
- ½ tsk tørret basilikum
- ½ tsk tørrede oreganoblade
- ¼ tsk hvidløgssalt
- ¼ teskefuld peber
- ¾ kop Tilberedt pizzasauce
- 3 ounce mozzarella

INSTRUKTIONER:
a) Del brøddejen i to. Tryk og stræk den ene halvdel ind i en smurt 13x9" bradepande, skub dejen op ad siderne for at danne en lav kant. Pisk ægget i skålen, rør de resterende ingredienser i undtagen pizzasauce og mozzarella.

b) Fordel jævnt over dejen. Stræk den resterende halvdel af dejen, så den passer til gryden, læg den over fyldet, og tryk på dejens kanter for at lukke helt. Lad hæve et lunt sted indtil fordoblet ca 1 time.

c) Fordel pizzasauce jævnt over toppen af brøddejen, drys med mozzarella.

d) Bag 375, 30 minutter, indtil kanterne er sprøde og osten smelter.

e) Afkøl 5 minutter. Skær i firkanter.

54. Osteagtig kalkunkødsbrød

INGREDIENSER:

- 2 æg
- 1 pund mozzarellaost, skåret i tern
- 2 pund malet kalkun
- 2 tsk italiensk krydderi
- ¼ kop basilikumpesto
- ½ kop parmesanost, revet
- ½ kop marinara sauce, uden sukker
- 1 kop hytteost
- 1 tsk salt

INSTRUKTIONER:

a) Placer stativet i nederste position og luk lågen. Vælg bagetilstand, indstil temperaturen til 390 °F og indstil timeren til 40 minutter. Tryk på indstillingsvælgeren for at forvarme.

b) Smør en ildfast fad med smør og stil til side.

c) Tilsæt alle ingredienser i den store skål og bland, indtil det er godt blandet.

d) Overfør blandingen til ildfast fad.

e) Når enheden er forvarmet, skal du åbne døren, placere gryderetten på risten og lukke døren.

f) Server og nyd.

55. English Cottage Pie Lasagne

INGREDIENSER:
- 9 lasagne nudler
- 1 pund hakket oksekød
- 1 løg, hakket
- 2 gulerødder, finthakkede
- 1 kop frosne ærter
- 2 fed hvidløg, hakket
- 1 spsk Worcestershire sauce
- 1 tsk tørret timian
- 1 tsk tørret rosmarin
- ½ tsk salt
- ¼ tsk sort peber
- 2 kopper kartoffelmos
- 1 kop revet cheddarost

INSTRUKTIONER:
a) Forvarm din ovn til 375°F (190°C) og smør let en 9x13-tommers bageplade.
b) Kog lasagnenudlerne efter pakkens anvisning. Dræn og sæt til side.
c) I en stor stegepande koges hakket oksekød, hakket løg, hakkede gulerødder, frosne ærter og hakket hvidløg, indtil oksekødet er brunet og grøntsagerne er bløde. Tøm eventuelt overskydende fedt.
d) Rør Worcestershire sauce, tørret timian, tørret rosmarin, salt og sort peber i. Lad det simre i 10 minutter.
e) Fordel et tyndt lag af kødblandingen på bunden af bradepanden. Læg tre lasagne nudler ovenpå.
f) Fordel et lag kartoffelmos over nudlerne, efterfulgt af et lag af kødblandingen.

g) Gentag lagene med tre lasagnenudler, kartoffelmos og kødblanding.
h) Top med de resterende tre lasagne nudler og drys revet cheddar ost på toppen.
i) Bag i 25 minutter, indtil osten er smeltet og boblende. Lad den køle af et par minutter inden servering.

56. Bønnelasagne

INGREDIENSER:
- 1 spiseskefuld vegetabilsk olie
- 1 kop hakket løg
- 3 fed hvidløg, hakket
- 14 ounce dåse tomatsauce
- 1 lille dåse tomatpure
- 3 spsk oregano
- 2 spsk basilikum
- ½ tsk paprika
- 1½ kop blandede bønner
- 1½ kop fedtfattig hytteost
- 2 kopper fedtfattig mozzarella [revet]
- 1 æg
- 8 lasagne nudler [kogte]
- 1 tsk korianderblade [hakket]
- 2 spsk parmesanost

INSTRUKTIONER:
a) Læg bønner i blød i fire til otte timer. Dæk med vand i en gryde og bring bønner i kog. Lad det simre i 30-40 minutter. Varm olie op, sauter løg og hvidløg til det er blødt.

b) Tilsæt tomatsauce, tomatpure, oregano, basilikum, paprika og kogte, drænede bønner. Bring det i kog, reducer varmen og lad det simre i 8-10 minutter.

c) Tilsæt korianderblade.

d) Forvarm ovnen til 325 F.

e) Kombiner hytteost, mozzarella og æg. Læg et lag nudler, et lag bønneblanding og et lag osteblanding i en smurt lasagnepande.

f) Fortsæt, skiftevis nudler, bønner og ost, og afslut med et lag ost på toppen.
g) Drys parmesanost over det øverste lag.
h) Bages i 40 minutter ved 325 F.

57. Pepperoni Lasagne

INGREDIENSER:
- ¾ lb. hakket oksekød
- ¼ tsk malet sort peber
- ½ lb. salami, hakket
- 9 lasagne nudler
- ½ lb. Pepperoni pølse, hakket
- 4 kopper revet mozzarellaost
- 1 løg, hakket
- 2 kopper hytteost
- 2 (14,5 ounce) dåser stuvede tomater
- 9 skiver hvid amerikansk ost
- 16 ounce tomatsauce
- revet parmesanost
- 6 ounce tomatpure
- 1 tsk hvidløgspulver
- 1 tsk tørret oregano
- ½ tsk salt

INSTRUKTIONER:
a) Steg din pepperoni, oksekød, løg og salami i 10 minutter. Fjern overskydende olie. Kom alt i din slow cooker på lavt med lidt peber, tomatsauce og pasta, salt, stuvede tomater, oregano og hvidløgspulver i 2 timer.
b) Tænd din ovn på 350 grader inden du fortsætter.
c) Kog din lasagne i saltvand, indtil den er al dente i 10 minutter, og fjern derefter alt vand.
d) I din bageform, læg et let dække af sauce, og lag derefter: ⅓ nudler, 1 ¼ kop mozzarella, ⅔ kop hytteost, amerikanske osteskiver, 4 teskefulde parmesan, ⅓ kød. Fortsæt til fadet er fyldt.
e) Kog i 30 minutter.

58. Linguine med ostesauce

INGREDIENSER:
- ½ kop almindelig fedtfattig yoghurt
- 1 råt æg
- ⅓ kop 99% fedtfri hytteost
- Salt eller salt med smørsmag
- Peber
- ½ tsk oregano eller pizzakrydderier
- 3 ounces schweizisk ost, groft strimlet
- ⅓ kop frisk hakket persille

INSTRUKTIONER:
a) Over varm linguine, rør hurtigt i yoghurten, derefter ægget for at tykne.

b) Rør derefter de resterende ingredienser i.

c) Sæt gryden over meget svag varme, indtil osten er smeltet.

59. Rustik Cottage Pie

INGREDIENSER:
- Yukon Gold kartofler, skrællet og skåret i tern
- 2 spsk vegansk margarine
- 1/4 kop almindelig usødet sojamælk
- Salt og friskkværnet sort peber
- 1 spsk olivenolie
- 1 mellemstor gult løg, finthakket
- 1 mellemstor gulerod, finthakket
- 1 selleri ribben, finthakket
- 12 ounce seitan, fint hakket
- 1 kop frosne ærter
- 1 kop frosne majskerner
- 1 tsk tørret krydret
- 1/2 tsk tørret timian

INSTRUKTIONER:
a) I en gryde med kogende saltet vand koges kartoflerne møre, 15 til 20 minutter.
b) Dræn godt af og kom tilbage i gryden. Tilsæt margarine, sojamælk og salt og peber efter smag.
c) Mos groft med en kartoffelmoser og stil til side. Forvarm ovnen til 350°F.
d) I en stor stegepande opvarmes olien over medium varme. Tilsæt løg, gulerod og selleri.
e) Dæk til og kog indtil de er møre, cirka 10 minutter. Overfør grøntsagerne til en 9 x 13-tommer bradepande. Rør seitan, svampesauce, ærter, majs, krydret og timian i.
f) Smag til med salt og peber og fordel blandingen jævnt i bradepanden.

g) Top med kartoffelmos, fordel til kanterne af bradepanden. Bages indtil kartoflerne er brune og fyldet er boblende ca 45 minutter.

h) Server straks.

60. Margaritas pasta primavera

INGREDIENSER:
- 1 kop fedtfattig hytteost
- 1 spsk Frisk citronsaft
- 8 ounce tynd spaghetti
- 1 spiseskefuld acceptabel vegetabilsk olie
- $\frac{1}{4}$ kop hakket spidskål
- $\frac{1}{2}$ kop hakkede løg
- 1 fed hvidløg, hakket
- $\frac{1}{4}$ tsk friskkværnet sort peber,
- Eller efter smag
- 2 kopper Skivede friske svampe
- 1 kop skåret grøn peberfrugt
- $1\frac{1}{2}$ kopper skåret gulerødder
- 10 ounce Frosne uden salt tilsat
- Broccoli dampet

INSTRUKTIONER:
a) Dræn eventuelt væske fra hytteosten. I en skål kombineres hytteost og citronsaft. Sæt til side.
b) Tilbered spaghetti i henhold til pakken, undlad salt.
c) Dræn grundigt.
d) Imens opvarmes olie i en stegepande ved middelhøj varme. Tilsæt spidskål, løg, hvidløg og sort peber og sauter 1 minut4. Tilsæt svampe og rør i 1 minut. Tilsæt derefter peberfrugt, gulerødder og broccoli og rør i yderligere 3-4 minutter. Sæt til side.
e) I en anden skål, smid spaghetti- og hytteostblandingen, så den dækker jævnt. Top med sauterede grøntsager.

61. Monterey Jack Soufflé

INGREDIENSER:

- 1 Pund Pølse, kogt
- 2 kopper revet Monterey Jack Cheese
- 3 kopper skarp cheddarost, revet
- 1 kop revet mozzarellaost
- ½ kop mælk
- 1½ kopper mel
- 1½ dl hytteost
- 9 Æg let pisket
- ⅓ kop smeltet smør
- 1 dåse Grøn Chiles i små tern

INSTRUKTIONER:

a) Fordel ½ af det smeltede smør i en 9x13 pande.

b) I en stor skål kombineres de resterende ingredienser og røres godt.

c) Hæld i en 9x13 gryde.

d) Bages ved 375°C i 50 minutter, eller indtil den er gylden og den indsatte kniv kommer ren ud.

62. Kylling og hytteostsuppe

INGREDIENSER:
- 2 pund hel kylling, skåret i stykker
- 3 ounce fuldfed mælk
- 1 tsk frisk citronsaft
- 1/2 tsk frisk ingefær, revet
- 2 fed hvidløg, hakket
- 4 ounces hytteost, ved stuetemperatur
- 2 bananskalotteløg, pillede og hakkede
- 1 gulerod, hakket
- 2 spsk smør
- 1 spsk tørret rosmarin
- 1/4 tsk stødt sort peber
- Havsalt efter smag
- 4 kopper hønsefond, lavt natriumindhold
- 1/2 kop parmesanost, gerne friskrevet
- 1 spsk frisk persille, hakket

INSTRUKTIONER:
a) I en røreskål placeres kyllingestykkerne, mælk, citronsaft, ingefær og hvidløg; lad det marinere i 1 time i køleskabet.
b) Tilføj kyllingen sammen med marinaden til din Instant Pot. Tilsæt hytteost, skalotteløg, gulerod, smør, rosmarin, sort peber, salt og hønsefond.
c) Fastgør låget. Tryk på "Suppe"-knappen og kog i 35 minutter. Når tilberedningen er færdig, skal du bruge en hurtig trykudløser.
d) Fjern kyllingen fra kogevæsken. Kassér knoglerne og tilføj kyllingen tilbage til Instant Pot.
e) Tilsæt friskrevet parmesanost til den varme kogevæske; rør til det er smeltet og alt er godt blandet.

Hæld i individuelle serveringsskåle, pynt med frisk persille og nyd!

63. Cottage Cheese Manicotti

INGREDIENSER:
TIL MANICOTTIEN:
- 6 æg
- 2 kopper mel
- 1½ dl vand
- Salt og peber efter smag

RICOTTA OSTFYLD:
- 2 pund ost (kan være grydeost)
- 2 æg
- Salt og peber
- Persilleflager
- Revet parmesanost

INSTRUKTIONER:
a) Pisk æg, mel, vand, salt og peber sammen efter smag.
b) Lav gerne tynde pandekager, meget hurtige, på en grill eller stegepande (jeg bruger olivenolie til at stege dem med).
c) Fyld med ricottaostblanding. Rul op. Dæk med sauce.
d) Bages ved 350 grader F i ½ time.
e) Lad trække i 10 minutter før servering.

RICOTTA OSTFYLD:
f) Bland med en ske til det er glat og blandet grundigt (jeg bruger halvdelen af dette).

64. Mamas spinattærte

INGREDIENSER:
- 4 kopper cheddarcrouton eller en urtecrouton
- Cirka 1½ pund spinatblade
- 8 ounce cheddarost, skåret i ½ tomme eller deromkring terninger
- 1 pund hytteost
- 3 store æg, let pisket
- 3 spsk usaltet smør, smeltet
- 4 skiver bacon, kogt til de er sprøde
- Salt og friskkværnet sort peber

INSTRUKTIONER:
a) Forvarm ovnen til 375°F.
b) Bring en stor gryde vand i kog. I mellemtiden beklæder bunden af en 9 x 13-tommers bageform med et enkelt lag af croutonerne.
c) Når vandet koger, tilsæt spinatbladene og rør rundt. Lad dem lige knap visne - det tager cirka 10 sekunder - overfør dem derefter til en sigte og skyl dem under koldt vand. Når de er kølige nok til at håndtere, klem så meget væske ud som muligt med hænderne. Overfør spinaten til et skærebræt og giv den en groft hak.
d) Tilsæt spinaten i en stor skål sammen med cheddar, hytteost, æg og smeltet smør. Brug hænderne til at smuldre baconen i skålen og rør blandingen, indtil den er godt blandet. Smag den til med salt og peber, og husk at baconen allerede har meget salt i sig.
e) Læg spinatblandingen over croutonerne i et jævnt lag. Overfør fadet til ovnen og bag indtil det netop er sat og osten er smeltet, cirka 30 minutter.

f) Hvis du gerne vil have lidt mere farve, kan du afslutte den under slagtekyllingen i et ekstra minut eller to.

65. Beef 'n' Noodle gryderet

INGREDIENSER:
- 1 pakke (8 ounce) mellemstore nudler
- 1/3 kop hakkede grønne løg
- 1/3 kop hakket grøn peber
- 2 spsk smør
- 1 pund hakket oksekød
- 1 dåse (6 ounce) tomatpure
- 1/2 kop creme fraiche
- 1 kop 4% hytteost
- 1 dåse (8 ounce) tomatsauce

INSTRUKTIONER:
a) Kog nudler efter pakkens instruktioner; stamme.

b) Svits grøn peber og løg med smør i en stor stegepande, indtil de er bløde, cirka 3 minutter. Tilsæt oksekød og kog indtil der ikke er lyserødt tilbage. Si det overskydende fedt.

c) Bland cremefraiche og tomatpasta sammen i en mellemstor skål, bland hytteost og nudler i. I en 2-quart-gryde, lag 1/2 nudelblandingen; læg 1/2 af oksekødsblandingen ovenpå. Fortsæt med at gøre det samme.

d) Hæld jævnt over toppen af gryden med tomatsauce.

e) Bages ved 350°, indtil de er gennemvarmet, cirka 30-35 minutter.

66. Bagt Spinat Supreme

INGREDIENSER:
- 1 kop fedtfattig kiks/bageblanding
- 2 æggehvider
- 1 æg
- 1/4 kop fedtfri mælk
- 1/4 kop finthakket løg

FYLDNING:
- 10 ounce frossen hakket spinat, optøet og presset tør
- 1-1/2 dl fedtfri hytteost
- 3/4 kop revet Monterey Jack ost
- 1/2 kop revet parmesanost
- 2 æggehvider
- 1 æg
- 1 tsk tørret hakket løg

INSTRUKTIONER:
a) Bland kikseblandingen, løg, mælk, æg og æggehvider i en lille skål. Bland godt og hæld derefter i en smurt 11x7-tommer bradepande.

b) Bland ingredienserne til fyldet i en anden skål. Hæld forsigtigt ovenpå kikseblandingen.

c) Uden at dække, bages i ovnen i 28 til 32 minutter ved 350 ° eller indtil gyldenbrun. Stik en kniv i midten og den skal komme ren ud.

SALATER OG SIDER

67. Hytteost grøntsagssalat

INGREDIENSER:
- 3 kopper (24 ounce) 4% hytteost
- 1 stor moden avocado, skrællet, udstenet og hakket
- 1 mellemstor tomat, hakket
- 1/4 kop skivede pimiento-fyldte oliven
- 2 spsk snittede grønne løg

INSTRUKTIONER:
a) Bland de første 4 ingredienser sammen i en serveringsskål.
b) Drys løg over.

68. Asparges, tomater og hytteostsalat

INGREDIENSER:
- 2 bundter grønne asparges
- 150 g cherrytomater
- 100 g hytteost
- 30 g pillede valnødder
- 30 g ristet majs
- 20 g skrællede solsikkekerner
- 2 spiseskefulde eddike
- 4 spiseskefulde olivenolie
- Peber og salt

INSTRUKTIONER:
f) Rens aspargesene. Vask først aspargesene under strømmen af koldt vand, fjern den hårdeste del af stilken og skær dem i stykker af samme størrelse.

g) Sæt vand i kog og kog. Mens du forbereder aspargesene, koger du rigeligt saltvand i en gryde, tilsæt dem og kog i 10 minutter, indtil de er møre, men hele.

h) Afbrydelse af madlavningen. Når de er d1, skal du fjerne dem med en hulske og dyppe dem et par øjeblikke i en skål med isvand for at stoppe kogningen. På denne måde vil de bevare deres intense grønne farve. Og dræn dem derefter igen for at fjerne alt vandet.

i) Forbered resten af ingredienserne. Vask tomaterne, tør dem med sugende papir og skær dem i halve. Dræn hytteosten og smuldr den. Og skær nødderne i små stykker.

j) Lav vinaigretten. Arranger eddike i en skål. Tilsæt et nip salt og endnu en peber, og hæld olien lidt efter lidt, fortsæt med at piske med en gaffel, indtil du får en godt emulgeret vinaigrette.

k) Fordel aspargesene i 4 skåle. Tilsæt tomaterne, den smuldrede hytteost og de hakkede valnødder. Klæd med den forrige vinaigrette.
l) Og pynt med solsikkekerner og ristede majs.

69. Hytteost og frugtsalat

INGREDIENSER:
- 1 kop hytteost
- 1 kop friske jordbær, skåret i skiver
- 1 kop friske blåbær
- 1 kop friske ananas stykker
- 2 spsk honning
- 1/4 kop hakkede friske mynteblade

INSTRUKTIONER:
a) Kombiner hytteost, jordbær, blåbær og ananas i en stor skål.
b) Dryp honning over frugt- og hytteostblandingen.
c) Vend forsigtigt for at kombinere alle ingredienserne.
d) Drys hakkede friske mynteblade på toppen.
e) Server med det samme eller stil på køl indtil servering.

70. Agurk og hytteost salat

INGREDIENSER:
- 2 kopper hytteost
- 2 agurker, skåret i tynde skiver
- 1 rødløg, skåret i tynde skiver
- 2 spsk frisk dild, hakket
- Salt og peber efter smag

INSTRUKTIONER:
a) I en stor skål kombineres hytteost, snittede agurker og snittede rødløg.
b) Drys frisk dild over blandingen.
c) Smag til med salt og peber, juster efter smag.
d) Rør forsigtigt ingredienserne sammen.
e) Stil på køl i cirka 30 minutter før servering.

71. Hytteost og tomatsalat

INGREDIENSER:
- 1 1/2 dl hytteost
- 2 store tomater i tern
- 1/2 rødløg, finthakket
- 2 spsk frisk basilikum, hakket
- 2 spsk olivenolie
- Salt og peber efter smag

INSTRUKTIONER:
a) I en skål kombineres hytteost, hakkede tomater og hakket rødløg.
b) Drys frisk basilikum over blandingen.
c) Dryp olivenolie på toppen.
d) Smag til med salt og peber, juster efter smag.
e) Rør forsigtigt ingredienserne sammen.
f) Server med det samme eller stil på køl indtil servering.

DESSERT

72. Valnøddeostkage

INGREDIENSER:
- Sandkage
- 2 kopper hytteost
- ½ kop sukker; Granuleret
- 2 tsk majsstivelse
- ½ kop valnødder; hakket,
- 3 æg; Stor, adskilt
- ½ kop creme fraiche
- 1 tsk citronskal; revet

INSTRUKTIONER:
a) Forvarm ovnen til 325 grader F.
b) Pres hytteosten gennem en sigte og afdryp den.
c) I en stor røreskål pisk æggeblommerne, indtil de er lyse og skummende, og tilsæt derefter sukkeret langsomt, fortsæt med at piske, indtil det er meget let og glat.
d) Tilsæt hytteosten til æggeblandingen, bland godt, og tilsæt derefter creme fraiche, majsstivelse, citronskal og valnødder (hvis det ønskes). Rør indtil alle ingredienser er godt blandet og blandingen er jævn.
e) I en anden stor røreskål pisk æggehviderne, indtil de danner bløde toppe, og fold dem derefter forsigtigt i dejen. Hæld blandingen i den forberedte skorpe og bag i cirka 1 time.
f) Afkøl til stuetemperatur inden servering.

73. Tranebær appelsin cheesecake

INGREDIENSER:
- 1 kop grahamskrummer
- 2 kopper hytteost
- 1 pakke let flødeost; 8 ounce
- ⅔ kop sukker
- ½ kop almindelig yoghurt
- ¼ kop mel; alle formål
- 2 kopper tranebær
- ½ kop appelsinjuice
- 1 spsk margarine; let, smeltet
- 2 æggehvider
- 1 æg
- 1 spsk appelsinskal; revet
- 1 tsk vanilje
- ⅓ kop sukker
- 2 tsk majsstivelse

INSTRUKTIONER:
a) Kombiner skorpeingredienserne . Tryk over bunden af den 9-tommer springform.
b) Bages ved 325 grader F i 5 minutter.
c) I en foodprocessor blendes hytteost til det er glat. Tilsæt flødeost og forarbejd til det er glat. Tilsæt de resterende fyldningsingredienser; bearbejde indtil glat. Hæld i gryden. Bages ved 325 grader F i 50 til 60 minutter eller indtil næsten sat i midten.
d) Kør en kniv rundt om kanten af kagen for at løsne den fra kanten. Afkøl på rist. Chill.
e) Kom tranebær, appelsinjuice og sukker i en gryde. Bring i kog under konstant omrøring. Lad det derefter simre i 3 minutter, eller indtil tranebærene begynder at poppe.

Opløs majsstivelse i 1 spsk vand. Tilføj til panden, kog og rør i 2 minutter.

f) Afkøl toppingen, og fordel den over kagen inden servering.

74. Ananas Nudel Kugel

INGREDIENSER:
TIL NUDLER:
- 450 g tørrede brede ægnudler
- 1 stang usaltet smør, skåret i stykker
- 1 kop sødmælk
- 5 store æg, let pisket
- 12 kopper sukker
- 2 tsk vanilje
- 12 teskefulde salt
- 1 (450 g) beholder creme fraiche
- 1 (450 g) beholder med lille ostemasse hytteost (4 % fedt)
- 1 (560g) dåse stødt ananas, drænet

TIL TOPPING:
- 2 kopper cornflakes, groft knust
- 2 spsk sukker
- 12 teskefulde kanel
- 2 spsk usaltet smør, skåret i stykker

INSTRUKTIONER:
FORBERED KUGEL:
a) Sæt ovnristen i midterposition og forvarm til 350°F (175°C).

b) Smør en 13" x 9" x 2" glas- eller keramisk bradepande.

c) Kog nudlerne i en gryde med kogende saltet vand, indtil de er al dente.

d) Dræn godt af, vend derefter tilbage til en varm gryde og tilsæt smør, vend indtil nudlerne er dækket.

e) Pisk mælk, æg, sukker, vanilje og salt sammen, indtil det er blandet, og pisk derefter creme fraiche i.

f) Rør hytteost og ananas i og tilsæt nudlerne, rør for at dække godt, og hæld dem derefter i et ovnfad.

LAVE TOPPING OG BAG KUGEL:

g) Rør cornflakes, sukker og kanel sammen og drys jævnt over nudler.

h) Prik med smør og bag indtil kugelen er sat og kanterne er gyldenbrune, ca. 1 time.

i) Lad stå 5 minutter før servering.

75. Safran Pistacie Panna Cotta

INGREDIENSER:
- 2 spsk blød paneer eller hjemmelavet hytteost
- 2 tsk sukker
- 2 spsk mælk
- 1 spsk fløde
- 1 knivspids safran
- 1 stor knivspids Agar agar pulver
- 2 teskefulde pistacie
- 1 knivspids kardemommepulver

INSTRUKTIONER:
a) Mos blød paneer og flormelis til det er glat.
b) Kog 2 spsk mælk & 1 spsk fløde og en knivspids safran sammen.
c) Tilføj en stor knivspids agar agar pulver.
d) Pisk indtil glat.
e) Tilsæt paneerblanding, kardemommepulver og hakket pistacie. Bland godt.
f) Tilsæt ¼ teskefuld hakket pistacie i en smurt form. Hæld panna cotta mix.
g) Afkøl i 2 timer i køleskabet.
h) Fjern formen og server. Tilsæt lidt sirup efter eget valg og frugt på toppen.
i) Du kan justere sukker efter smag.

76. Hytteost tiramisu

INGREDIENSER:

- ½ kop sukker
- 1 kop fedtfri hytteost
- 1 kop fedtfri creme fraiche alternativ
- 2 spsk mørk rom
- 8-ounce karton vaniljefedtfattig yoghurt
- 8-ounce pakke Neufchatel ost
- 1¼ kop varmt vand
- 1 spsk Plus
- ½ tsk instant espressokaffe granulat
- 40 Ladyfingers
- ½ tsk usødet kakao

INSTRUKTIONER:

a) Placer de første 6 ingredienser i en foodprocessor med et knivblad og bearbejd indtil glat; sæt til side.

b) Kombiner varmt vand og espresso granulat i en lille skål. Del ladyfingers i to på langs. Dyp hurtigt 20 af halvdelene, med skæresiden nedad, i espresso, og læg den med dyppet side nedad i bunden af en 9-tommer firkantet bageform.

c) Dyp 20 flere ladyfinger-halvdele med skæresiden nedad i espresso, og anbring den dyppet side nedad oven på det første lag. Fordel 2 C af osteblandingen jævnt over ladyfingers. Gentag proceduren med de resterende ladyfinger-halvdele, espresso og osteblanding.

d) Placer tandstikker i hvert hjørne og 1 i midten af tiramisuen for at forhindre, at plastikfolie klæber til osteblandingen. Dæk med plastfolie og stil på køl i 3 til 8 timer. Drys med kakao inden servering.

77. Cottage Cheese Date Is

INGREDIENSER:

- ⅓ kop hakkede udstenede dadler
- 4 spsk rom
- 2 æg, adskilt
- ½ kop granuleret sukker
- ⅔ kop mælk
- 1½ dl hytteost
- Finrevet skal og saft af 1 citron
- ⅔ kop fløde, pisket
- 2 spsk finthakket stilk ingefær

INSTRUKTIONER:

a) Læg dadler i blød i rom i cirka 4 timer. Kom æggeblommer og sukker i en skål og pisk til det er lyst. Varm mælken op til et kogepunkt i en gryde og rør derefter i æggeblommer. Kom blandingen tilbage i den skyllede gryde og kog over lav varme under konstant omrøring, indtil den er tyknet. Afkøl, rør af og til.

b) Blend hytteost, citronskal og saft og rom siet fra dadlerne sammen i en blender eller foodprocessor, indtil det er glat, og bland derefter med cremen. Hæld blandingen i en beholder, dæk til og frys, indtil den lige er blevet fast. Vend i en skål, pisk godt, og vend derefter flødeskum, dadler og ingefær i. Pisk æggehvider i en skål, til de er stive, men ikke tørre, og vend dem i frugtblandingen. Hæld blandingen tilbage i beholderen. Dæk til og frys til den er fast.

c) Cirka 30 minutter før servering overføres isen til køleskabet.

78. Cottage cheesecake

INGREDIENSER:
TIL SKORPE
- ¼ kop hård margarine , smeltet
- 1 kop fedtfattige graham cracker krummer
- 2 spiseskefulde hvidt sukker
- ¼ spsk kanel

TIL KAGE
- 2 kopper fedtfattig hytteost, pureret
- 3 spiseskefulde universalmel
- 1 tsk vaniljeekstrakt
- 2 æg
- ⅔ kop hvidt sukker

INSTRUKTIONER:
a) Gør ovnen klar ved at forvarme den til 325 grader Fahrenheit.

b) Kombiner smeltet margarine, graham cracker-krummer, sukker og kanel .

c) Fyld en 10-tommer springform halvvejs med skorpeblandingen .

d) Bland den blødgjorte hytteost, mælk, æg, mel, vanilje og sukker, indtil det er godt blandet.

e) Hæld blandingen i tærtebunden.

f) Bag i 60 minutter i ovnen.

79. Burekas

INGREDIENSER:
- 1 lb / 500 g smørdej af bedste kvalitet
- 1 stort fritgående æg, pisket

RICOTTA FYLDNING
- ¼ kop / 60 g hytteost
- ¼ kop / 60 g ricottaost
- ⅔ kop / 90 smuldret fetaost
- 2 tsk / 10 g usaltet smør, smeltet

PECORINO FYLD
- 3½ spsk / 50 g ricottaost
- ⅔ kop / 70 g revet lagret pecorinoost
- ⅓ kop / 50 g revet lagret cheddarost
- 1 porre, skåret i 2-tommer / 5 cm segmenter, blancheret indtil mør og finthakket (¾ kop / 80 g i alt)
- 1 spsk hakket fladbladet persille
- ½ tsk friskkværnet sort peber

FRØ
- 1 tsk nigella frø
- 1 tsk sesamfrø
- 1 tsk gule sennepsfrø
- 1 tsk kommenfrø
- ½ tsk chiliflager

INSTRUKTIONER

a) Rul dejen ud i to 12-tommer / 30 cm firkanter hver ⅛ tomme / 3 mm tykke. Læg kagepladerne på en bageplade beklædt med bagepapir – de kan hvile oven på hinanden, med en plade bagepapir imellem – og lad dem stå i køleskabet i 1 time.

b) Læg hvert sæt fyldingredienser i en separat skål. Bland og stil til side. Bland alle frøene sammen i en skål og stil til side.

c) Skær hver kageplade i 4-tommer / 10 cm firkanter; du skulle få 18 kvadrater i alt. Fordel det første fyld jævnt mellem halvdelen af firkanterne, og kom det på midten af hver firkant. Pensl to tilstødende kanter af hver firkant med æg, og fold derefter firkanten på midten for at danne en trekant. Skub eventuelt luft ud og klem siderne godt sammen. Du vil gerne presse kanterne meget godt, så de ikke åbner sig under tilberedningen. Gentag med de resterende kagefirkanter og det andet fyld. Læg på en bageplade beklædt med bagepapir og stil på køl i mindst 15 minutter for at stivne. Forvarm ovnen til 425°F / 220°C.

d) Pensl de to korte kanter af hver wienerbrød med æg og dyp disse kanter i frøblandingen; en lille mængde frø, kun $\frac{1}{16}$ tomme / 2 mm brede, er alt, der skal til, da de er ret dominerende. Pensl også toppen af hver wienerbrød med lidt æg, undgå frøene.

e) Sørg for, at kagerne har en afstand på ca. $1\frac{1}{4}$ tommer / 3 cm fra hinanden.

f) Bages i 15 til 17 minutter, indtil de er gyldenbrune overalt. Serveres lun eller ved stuetemperatur.

g) Hvis noget af fyldet løber ud af kagerne under bagningen, skal du bare forsigtigt fylde det i igen, når de er kølige nok til at håndtere.

80. Fransk ostetærte

INGREDIENSER:
- 2 kopper Mel til alle formål; usigtet
- ¼ teskefuld Salt
- ½ tsk Bagepulver
- ⅔ kop Smør eller margarine
- ⅓ kop Melis
- 2 Æggeblommer
- 2 spsk Tung creme
- ½ tsk Revet citronskal
- 4 spiseskefulde Smør eller margarine
- ⅔ kop Melis
- 2 kopper Tør hytteost
- 1 Æggeblomme
- ¼ kop Tung creme
- ⅓ kop Gyldne rosiner
- ½ tsk Revet citronskal
- 1 Æggehvide; lidt slået
- Flormelis

INSTRUKTIONER:
a) Sigt mel, salt og bagepulver i en skål.
b) Med en konditorblender skæres smør i, indtil blandingen ligner grove krummer.
c) Tilsæt ⅓ kop granuleret sukker, 2 æggeblommer, 2 spsk fløde og ½ tsk citronskal; med en gaffel, bland indtil wienerbrød holder sammen.
d) Vend ud på en let meldrysset overflade; ælt indtil glat, cirka 2 minutter.
e) Form til en kugle; pak i vokspapir. Stil dejen på køl i 30 minutter. Lav ost
FYLDNING:

f) I en skål med en elektrisk mixer ved høj hastighed, pisk smør, perlesukker og hytteost, indtil det er godt blandet, cirka 3 minutter.

g) Tilsæt æggeblommer og fløde; slå godt Rør rosiner og citronskal i. Forvarm ovnen til 350 F.

h) Smør let en 13x9x2" bradepande. Del wienerbrød i to.

i) På en let meldrysset overflade rulles den ene halvdel af dejen ud til et 13x9" rektangel.

j) Passer ind i bunden af den forberedte gryde. Hæld i fyldet, fordel jævnt.

k) Del den resterende dej i to. Skær den ene halvdel i 5 lige store stykker.

l) Rul hvert stykke på et bræt til en blyantlignende strimmel 13" lang.

m) Arranger disse strimler på langs, $1\frac{1}{2}$" fra hinanden på fyldet.

n) Med det resterende wienerbrød laver du nok strimler til at passe diagonalt, $1\frac{1}{2}$ inches fra hinanden, på tværs af langsgående strimler.

o) Pensl kagestrimler med æggehvide.

p) Bages i 40 minutter eller indtil de er gyldenbrune. Lad stå i 5 minutter.

q) Drys derefter med konditorsukker og skær i 3-tommers firkanter. Serveres varm.

81. Urteosttærter

INGREDIENSER:

- ⅓ kop Fine tørre brødkrummer eller fint knust zwieback
- 8 ounce Pakke flødeost, blødgjort
- ¾ kop Hytteost i flødestil
- ½ kop Strimlet schweizerost
- 1 spiseskefuld Mel til alle formål
- ¼ teskefuld Tørret basilikum, knust
- ⅛ teskefuld Hvidløgs pulver
- 2 Æg
- nonstick spraybelægning
- mejeri creme fraiche
- modne oliven i skiver eller skiver, rød kaviar
- ristet rød peber

INSTRUKTIONER

a) Spray 24 1¾-tommer muffinkopper med nonstick-spraybelægning til skorpen.

b) Drys brødkrummer eller knust zwieback på bunden og siderne for at dække.

c) Ryst pander for at fjerne overskydende krummer. Sæt til side.

d) Kombiner flødeost, hytteost, schweizerost, mel, basilikum og hvidløgspulver i en lille røreskål. Pisk med en el-mixer på medium hastighed lige indtil luftigt.

e) Tilføj æg; pisk på lav hastighed lige indtil kombineret. Overbeat ikke.

f) Fyld hver krummebeklædt muffinkop med 1 spsk af osteblandingen. Bages i en 375 grader F ovn i 15 minutter, eller indtil centrene synes sat.

g) Afkøl i pander på rist i 10 minutter. Fjern fra pander.

h) Afkøl grundigt på rist.

i) For at servere fordeles toppe med creme fraiche. Pynt med oliven, kaviar, purløg og/eller udskæringer af rød peber og oliven.

j) Bag og afkøl tærter som anvist, undtagen smør ikke med creme fraiche eller top med pynt.

k) Dæk til og stil i køleskabet i op til 48 timer. Lad tærter stå ved stuetemperatur i 30 minutter før servering.

l) Smør med creme fraiche og pynt som anvist.

82. Rodekage

INGREDIENSER:
- 1 kop Crisco olie
- ½ kop smør, smeltet
- 3 æg
- 2 kopper sukker
- 2½ kopper mel
- 2 tsk kanel
- 2 teskefulde bagepulver
- 1 tsk salt
- 2 tsk vanilje
- 1 kop Harvard rødbeder
- ½ kop flødeost
- 1 kop stødt ananas, drænet
- 1 kop hakkede nødder
- ½ kop kokos

INSTRUKTIONER:
a) Bland olie, smør, æg og sukker.

b) Tilsæt mel, kanel, sodavand og salt.

c) Vend vanilje, rødbeder, hytteost, ananas, nødder og kokos i.

d) Hæld i en 9x13-tommer gryde.

e) Bages ved 350 grader i 40-45 minutter. Server med flødeskum.

83. Æble-osteis

INGREDIENSER:
- 5 kogeæbler, skrællet og udkernet
- 2 kopper hytteost, delt
- 1 kop halv-og-halv, delt
- ½ kop æblesmør, delt
- ½ kop granuleret sukker, delt
- ½ tsk stødt kanel
- ¼ teskefuld stødt nelliker
- 2 æg

INSTRUKTIONER:
a) Skær æbler i ¼-tommers terninger; sæt til side. Kombiner i en blender eller foodprocessor 1 kop hytteost, ½ kop halv-og-halv, ¼ kop æblesmør, ¼ kop sukker, kanel, nelliker og et æg. Blend indtil glat. Hæld i en stor skål.
b) Gentag med resterende hytteost, halv og halv, æblesmør og æg. Kombiner med den tidligere purerede blanding. Rør hakkede æbler i.
c) Hæld i isdåse. Frys i ismaskinen efter producentens anvisninger.

84. Kokos Cottage Cheese cheesecake

INGREDIENSER:
TIL SKORPEN:
- 1 ½ kopper Graham Cracker Crumbs
- ½ kop spiseskefuld smør, smeltet
- 3 spiseskefulde revet kokos

TIL FYLDET:
- 32 ounces hytteost
- ¾ kop sødemiddel
- 7 ounce græsk kokosyoghurt
- 3 store æg
- 1 tsk vaniljeekstrakt
- 1 skefuld proteinpulver med kokossmag (valgfrit)

TIL TOPPINGEN:
- 7 ounce græsk kokosyoghurt
- 2 spsk hytteost
- ¼ kop sødemiddel
- ½ kop revet kokosnød

INSTRUKTIONER:
TIL SKORPEN:
a) Bland Graham Cracker-krummerne, smeltet smør og revet kokos i en skål.

b) Tryk blandingen ned i bunden af et cheesecake-fad eller -pande.

c) Bages ved 375°F (192°C) i cirka 7-10 minutter, indtil det er let brunet.

d) Tag ud af ovnen og stil til afkøling.

TIL FYLDET:
e) Tilsæt hytteost og sødemiddel i en røreskål og bland til en jævn masse.

f) Tilsæt derefter resten af ingredienserne og bland til en jævn masse.

g) Hæld fyldet over den afkølede skorpe og bag i 50 minutter i den forvarmede ovn.

h) Tag ud af ovnen og afkøl ved stuetemperatur.

TIL TOPPINGEN:

i) Pisk den græske kokosyoghurt, hytteost og sødemiddel, indtil det er cremet.

j) Fordel frostingen over den afkølede cheesecake og top med revet kokos.

85. Nudel Kugel tærte med hytteost

INGREDIENSER:
NUDLESKORPE:
- ½ pund bred kosher til påskeægnudler
- 2 spsk smør, smeltet

FYLDNING:
- 2 løg, skåret i skiver
- olie til stegning
- 1 pund hytteost
- 2 kopper creme fraiche
- ½ kop sukker
- 6 æg
- 1 tsk stødt kanel
- ½ kop brombær

TOPPING:
- Yderligere brombær

INSTRUKTIONER:
NUDLESKORPE:
a) Forvarm ovnen til 375 grader F.
b) Kog æggenudlerne i saltet vand i cirka 4 minutter, eller indtil de er lidt gennemstegte.
c) Dræn nudlerne og kom dem over i en skål.
d) Dryp med 2 spsk smeltet smør og vend til belægning.

FYLDNING:
e) Opvarm olien i en medium gryde ved middel varme og steg derefter løgene, indtil de er bløde. Fjern fra panden.
f) I en skål piskes de kogte løg, hytteost, creme fraiche, sukker, æg og stødt kanel sammen, indtil det er godt blandet.
g) Vend forsigtigt brombærrene i fyldblandingen.

MONTAGE:

h) Smør en ca. 9 x 13 tommer bageform.

i) Arranger de smørsmurte ægnudler i bunden af bageformen, så de danner en skorpe.

j) Hæld fyldblandingen over nudelskorpen.

BAGNING:

k) Bages i den forvarmede ovn, indtil cremen er sat og toppen er gyldenbrun, ca. 40-45 minutter.

BETJENER:

l) Lad Noodle Kugel Pie køle lidt af inden servering.

m) Server, toppet med flere brombær.

86.Pink festsalat

INGREDIENSER:
- 1 dåse (Nr. 2) knust ananas
- 24 store Skumfiduser
- 1 pakke Jordbær Jello
- 1 kop Flødeskum
- 2 kopper Sm. Ostemasse hytteost
- ½ kop Nødder; hakket

INSTRUKTIONER:

a) Varm saft fra ananas med skumfiduser og Jello. Fedt nok.

b) Bland flødeskum, ananas, hytteost og nødder. Tilsæt den første blanding og vend i.

c) Afkøl natten over.

87. Dessert med stegt ananas

INGREDIENSER:

- 1 frisk ananas, udkernet, skrællet
- 3 spiseskefulde hindbærvinaigrettedressing
- 2 kopper 2% mælkefedt lavt fedtfattig hytteost
- 1/2 kop granatæblekerner

INSTRUKTIONER:

a) Forvarm slagtekyllinger. Skær ananas på kryds og tværs i otte skiver og anret på en rist af slagtekyllinger eller i en 15-tommer x10-tommer x1-tommer bradepande, og pensl derefter dressingen jævnt over.

b) Steg ananas 3-4 tommer væk fra varmekilden, indtil den er opvarmet, cirka 4-5 minutter.

c) Fjern ananas på et serveringsfad og læg hytteost jævnt ovenpå. Drys granatæblekerner over toppen.

88. Fed limesalat

INGREDIENSER:

- 1/2 kop udrænet knust ananas på dåse
- 2 spsk lime gelatine
- 1/4 kop 4% hytteost
- 1/4 kop pisket topping

INSTRUKTIONER:

a) Kog ananas i en lille gryde.
b) Sluk for varmen, tilsæt gelatine og rør til det er helt opløst.
c) Lad afkøle til stuetemperatur.
d) Tilsæt pisket topping og hytteost i gryden, rør rundt.
e) Stil på køl til den er fast.

KRYDER

89. Hytteostsauce

INGREDIENSER:

- 1 kop (226 g) fedtfri hytteost
- 1 kop (235 ml) skummetmælk
- 2 spiseskefulde (30 ml) vand
- 2 spsk (16 g) majsstivelse

INSTRUKTIONER:

a) I en blender blendes hytteost og mælk. Hæld i en gryde og varm op næsten til kog. Sæt til side. Tilsæt vandet til majsstivelsen og bland til en pasta. Tilsæt hytteostblandingen i gryden og rør godt.

b) Kog 10 minutter under konstant omrøring, indtil det er tyknet.

90. Fedtfattig Scallion Dip

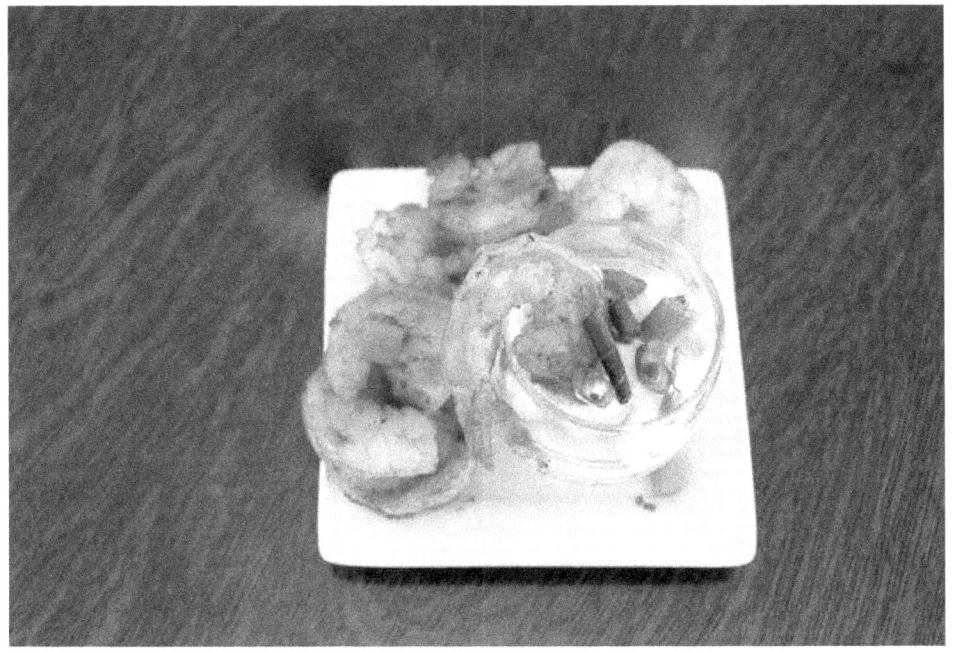

INGREDIENSER:
- 1 kop (225 g) fedtfattig hytteost
- ¼ kop (25 g) spidskål, hakket
- 2 teskefulde (10 ml) citronsaft

INSTRUKTIONER:
a) Kom alle ingredienser i en blender eller foodprocessor og kør til en jævn masse.
b) Stil på køl i mindst en time for at give smagene tid til at udvikle sig.

91. Cottage-urtedressing

INGREDIENSER:
- 1 spsk Mælk
- 12 ounces hytteost
- 1 tsk citronsaft
- 1 lille skive løg -- tynd
- 3 Radiser -- Halveret
- 1 tsk blandede salat urter
- 1 persillekvist
- ¼ tsk salt

INSTRUKTIONER:
a) Kom mælk, hytteost og citronsaft i en blenderbeholder og blend til det er glat.
b) Tilsæt de resterende ingredienser til hytteostblandingen og blend indtil alle grøntsagerne er hakket.

92. Urtehytteost-pålæg

INGREDIENSER:
- 1 kop hytteost
- 2 spsk frisk purløg, finthakket
- 1 spsk frisk dild, hakket
- 1/2 tsk hvidløgspulver
- Salt og peber efter smag

INSTRUKTIONER:
a) I en skål blandes hytteost, hakket purløg, dild og hvidløgspulver.
b) Smag til med salt og peber efter smag.
c) Brug den som smørepålæg til kiks, brød eller som dip til grøntsager.

93. Cottage Cheese Salsa

INGREDIENSER:
- 1 kop hytteost
- 1/2 kop tyk salsa
- 1/4 kop hakket frisk koriander
- 1/2 tsk spidskommen (valgfrit)
- Salt og peber efter smag

INSTRUKTIONER:
a) I en skål kombineres hytteost, salsa, koriander og spidskommen (hvis du bruger).
b) Smag til med salt og peber efter smag.
c) Brug denne salsa som topping til bagte kartofler, grillet kylling eller som dip til tortillachips.

94. Hytteost og honningdryp

INGREDIENSER:
- 1 kop hytteost
- 2 spsk honning
- 1/4 tsk kanel (valgfrit)

INSTRUKTIONER:
a) Hæld hytteost på en tallerken eller skål.
b) Dryp honning over hytteosten.
c) Drys eventuelt med en knivspids kanel.
d) Nyd som en sød og cremet dessert eller snack.

95. Cottage Cheese Pesto

INGREDIENSER:
- 1 kop hytteost
- 2 spsk pesto sauce
- 1/4 kop revet parmesanost
- Salt og peber efter smag

INSTRUKTIONER:
a) I en skål blandes hytteost, pestosauce og revet parmesanost.
b) Smag til med salt og peber efter smag.
c) Brug denne hytteostpesto som pastasauce, sandwichpålæg eller dip til grøntsager.

SMOOTHIES OG COCKTAILS

96. Krydret hindbærsmoothie

INGREDIENSER:
- ½ kop fedtfri hytteost
- 1 kop isterninger
- 1 tsk honning
- 2 dadler (udstenede)
- 2 spsk gammeldags havregryn
- 6 oz friske hindbær
- Knip stødt kanel

INSTRUKTIONER:
a) Kom alle ingredienser i en blender og kør til en jævn masse.
b) God fornøjelse.

97. Cottage Cheese Power Shake

INGREDIENSER:
- ¼ kop fedtfattig hytteost
- 1 kop blåbær (friske eller frosne)
- 1 skefuld vaniljeproteinpulver
- 2 spsk hørfrømel
- 2 spsk valnødder, hakket
- 1½ dl vand
- 3 isterninger

INSTRUKTIONER:
a) Blend indtil glat.
b) Smag og juster is eller ingredienser, hvis det er nødvendigt.

98. Osteagtig vaniljeshake

INGREDIENSER:

- 16 oz. skummetmælk
- 2 kopper fedtfri hytteost
- 3 skeer proteinpulver
- 1/2 kop fedtfri, vaniljeyoghurt
- 1 skefuld af din yndlingsfrugt
- Splenda efter smag
- 2-3 isterninger

INSTRUKTIONER:

a) Kom alle ingredienser i en blender i 30-60 sekunder.

99. Bananproteinshake efter træning

INGREDIENSER:
- 2 bananer
- 1/2 kop hytteost
- Vanilje valleprotein
- Kop mælk
- Noget is
- 1/2 tsk brun farin

INSTRUKTIONER:
a) Blend indtil glat.
b) Smag og juster is eller ingredienser, hvis det er nødvendigt.

100. Soja Smoothie

INGREDIENSER:
- 1 skefuld proteinpulver
- 1 kop økologisk sojamælk
- 1 kop hytteost
- $\frac{1}{4}$ - $\frac{1}{2}$ kop rå honning
- Knivspids salt

INSTRUKTIONER:
a) Blend sojamælk og hytteost for at give smoothien en kornet tekstur, og tilsæt derefter honning og salt i forhold til din smag.
b) Tilsæt en skefuld proteinpulver, vand, hvis det er nødvendigt, og nyd.

KONKLUSION

Da vi kommer til slutningen af vores kulinariske eventyr i "The Ultimate Cottage Cheese Kitchen", håber vi, at du har nydt at udforske hytteostens uendelige muligheder. Med 100 lækre opskrifter lige ved hånden, har du låst op for hemmeligheden bag at transformere hverdagens måltider til ekstraordinære oplevelser.

Hytteost har med sin rige cremede konsistens og høje proteinindhold vist sig at være mere end blot et mejeriprodukt. Det er nøgleingrediensen til sundere, lækrere og mere spændende måltider. Fra morgenmad til aftensmad og hver snack ind imellem, har du set, hvordan denne alsidige ingrediens kan være stjernen i showet.

Vi har rørt, sauteret, bagt og blendet, og nu er det din tur til at tage tøjlerne. Lad fantasien få frit løb i køkkenet. Eksperimenter med smag, teksturer og ingredienser for at skabe dine egne hytteost-mesterværker.

Men husk, at hjertet i ethvert køkken ikke kun er ingredienserne eller opskrifterne – det er den kærlighed og passion, du tilfører din madlavning. Så mens du fortsætter din kulinariske rejse, lav altid mad med kærlighed, og du vil være sikker på at skabe måltider, der ikke kun glæder ganen, men også varmer hjertet.

Tak, fordi du var med i "The Ultimate Cottage Cheese Kitchen." Må dine fremtidige måltider være fyldt med glæde, sundhed og hytteostens liflige godhed. God madlavning!

www.ingramcontent.com/pod-product-compliance
Lightning Source LLC
Chambersburg PA
CBHW071314110526
44591CB00010B/885